THÈSE

POUR

LE DOCTORAT

Montaigne

LILLE

IMPRIMERIE ET LIBRAIRIE DE SIX-HOREMANS

Rue du Faubourg-Notre-Dame, 251

1869

THÈSE

POUR

LE DOCTORAT

PAR

Vincent MONTAIGNE

Examen du 27 Décembre 1869

Président : M. BLONDEL, professeur doyen.

Suffragants.	MM Talon.		Professeurs.
	Mabire.		
	Garsonnet.		Agrégés
	Levillain.		chargés de cours.

MEIS ET AMICIS.

LILLE

IMPRIMERIE ET LIBRAIRIE DE SIX-HOREMANS

Rue du Faubourg-Notre-Dame, 231

1869

Lille, imp. Six-Horemans.

DROIT ROMAIN

DE LA REMISE DE DETTE

La remise d'une dette consiste dans la renonciation expresse ou tacite que fait un créancier au droit qu'il a de poursuivre son débiteur.

Bien que ce mot *renonciation* éveille habituellement une idée de libéralité, la remise de dette aura cependant le caractère d'acte à titre onéreux, si on la rencontre dans une convention procurant un équivalent pécuniaire au créancier qui abandonne sa créance.

La remise de dette, qui se traduit en droit romain par l'acceptilation ou par le pacte *de non petendo*, fournit la matière d'une étude permettant de comparer le *jus civile* et le droit honoraire. Le *jus civile* se manifeste par l'acceptilation où l'on voit les formes solennelles dominer, et une efficacité radicale se produire. Le préteur, de son côté, s'efforce d'adoucir le formalisme rigoureux du droit civil, de donner aux principes d'équité une juste satisfaction, et cela, en donnant au pacte *de non petendo* une sanction qui, sous notre législation, devait devenir aussi complète que possible.

CHAPITRE PREMIER.

DE L'ACCEPTILATION.

§ I. — *De sa forme.* — *A quelles obligations elle s'applique.*

L'acceptilation est un mode d'extinction du droit civil, et consistant dans une interrogation suivie d'une réponse solennelle : le créancier, interrogé par son débiteur s'il tient pour reçu l'objet de sa créance, répond affirmativement.

Bien que le Digeste nous montre constamment l'acceptilation s'appliquant à dissoudre les obligations nées *verbis*, cependant le principe romain en matière d'extinction d'obligations, et l'étymologie du mot, nous autorisent à croire que l'acceptilation dérivait d'une théorie plus générale, et qu'elle même avait dans l'origine une étendue d'application moins restreinte.

Il était de principe à Rome que, pour éteindre une obligation, on pouvait employer la forme même qui avait servi à la créer : « *Nihil tam naturale est*, dit Ulpien, *quam eo genere quidquid dissolvere quo colligatum est.* » (L. 35 D., *de reg. jur.*).

Comme en droit civil, le consentement seul des parties était insuffisant, du moins en général, pour créer des obligations, on décidait en conséquence que les obligations ne pouvaient se délier par un consentement donné en l'absence des formes que ce même droit civil avait réglées. Ainsi, les obligations qui se contractaient jadis *per æs et libram* pouvaient se dissoudre *ære libraque*, soit que la solennité de la pesée eût son utilité pour apprécier la quantité de métal donné en paiement, soit que cette pesée s'accomplît uniquement comme un symbole et sans aucune transmission.

Pour les obligations formées *litteris*, les effets de l'*expensilatio* se trouvaient détruits quand le créancier mentionnait sur le *codex* qu'il tenait la somme pour reçue, *accepto lata ;* c'est même l'emploi de ce procédé qui originairement a constitué l'*accep-tilatio*.

Quand le droit des gens introduisit les contrats consensuels, il fut admis aussi que les obligations nées de ces contrats seraient également dissoutes *mutuo dissensu*.

Quant aux obligations nées *verbis*, c'est l'acceptilation telle qu'elle est définitivement pratiquée qui offre le moyen de les éteindre pour cause de renonciation. Lorsqu'à une demande ainsi adressée : « *Quinque aureos dare spondes ?* » il est répondu « *spondeo* », la stipulation a créé des liens juridiques qui peuvent se résoudre par une demande et une réponse semblables, mais formulées en termes contraires ; le débiteur interrogera : « *Quod ego tibi promisi, habesne acceptum ?* » — « *Habeo* » dira le créancier, et l'acceptilation sera consommée. L'obligation a été contractée *verbis*, et de même elle se dissout.

Plus tard, quand le *jus gentium* fit sentir son influence, il fut permis d'employer une autre langue que le latin ; une seule chose demeure essentielle, c'est la conformité entre la demande et la réponse « *Hoc jure utimur*, dit Ulpien, *ut juris gentium sit acceptilatio, et ideo puto et græcè posse acceptum fieri, dummodo sic fiat ut latinis verbis sic solet* » En disant que l'acceptilation est *juris gentium*, Ulpien veut dire que la remise de dette se rencontre chez tous les peuples et que le préteur reconnaît l'efficacité d'une telle convention intervenant entre pérégrins, mais ce mode de renonciation qu'on appelle acceptilation est bien du droit civil ; la solennité des paroles, cette concordance frappante avec la stipulation, le soin même que prend Ulpien de nous avertir que les expressions grecques doivent se modeler sur les expressions latines, tout cela nous montre que l'acceptilation appartient au *jus civile quiritium*.

Comme on le fait observer à propos de la stipulation, ces formes sacramentelles familières aux Romains, par leur précision et en empêchant le doute de subsister dans l'esprit des contractants, se défendent facilement des critiques que nous sommes tout d'abord tentés de leur adresser, habitués que nous sommes à une législation plus spiritualiste.

L'acceptilation étant un *actus legitimus* ne peut être expressément affectée d'un terme ou d'une condition ; mais aussi, comme les *actus legitimi*, elle sera valablement affectée d'une modalité sous-entendue, en vertu de la maxime : *Expressa nocent, non expressa non nocent.*

Cependant la stipulation, dont l'acceptilation est la contre-partie, s'accommode très-bien d'une variété de modalités, pourquoi donc n'en est-il pas de même ici ? — Voici l'explication présentée par Doneau : « *Stipulatio concipitur obligationis contrahendæ causa, acceptilatio dissolvendæ. Obligatio in eo est ut quid præstetur in futurum cujus præstationem ideo differri oportet ; solutio autem obligationis et liberatio nisi in præsens, cum si differatur vel momento vere dici possit, nondum esse liberationem.* » L'explication qu'en donne Ulpien est plus concise : « *In diem acceptilatio facta nullius est momenti, nam* solutionis exemplo *solet liberare.* » (L. 5, D. de accept.)

L'acceptilation dissolvait encore les obligations résultant de la *promissio operarum* que les affranchis contractaient envers leurs patrons, ainsi que celles résultant de la *dictio dotis* ; car dans ces deux cas, il s'agissait encore d'obligations créées *verbis.*

Mais vouloir restreindre l'application de ce procédé à des dettes qui avaient pris naissance en vertu d'un contrat verbal, c'était offrir aux jurisprudents un problème dont leur sagacité devait bientôt trouver la solution. Cette solution, la voici : ils usèrent de la stipulation pour nover en obligations *verbis* toutes les dettes auxquelles il s'agissait de renoncer, quelle qu'en fût la *causa civilis*, et de cette manière l'acceptilation pouvait désormais opérer. Aquilius Gallus imagina une formule générale qu'on pouvait adapter à tous les cas indistinctement. Elle est ainsi rapportée dans les Institutes de Justinien : *Quidquid te mihi ex quacumque causa dare facere oportet, oportebit, præsens, in diemve, quarumque rerum mihi tecum actio, quæque abste petitio, vel adversus te persecutio est, eritve, quodve tu meum habes, tenes, possides, dolove malo fecisti quominus possideas : quanti quæque earum rerum res erit, tantam pecuniam dari stipulatus est A. A ; spopondit N. N. Item ex diverso N. N. interrogavit A. A. :*

quidquid tibi hodierno die per Aquilianam stipulationem spopondi id omne habes ne acceptum ? respondit A. A.: Habeo, acceptum- que tuli.

Cette formule comprenait toutes les actions dont il était possible d'être tenu ; quelle que fût la cause de l'obligation ou la modalité dont elle était affectée, qu'elle engendrât une action *in rem* ou *in personam*, que la procédure en fût ordinaire ou extraordinaire, tous les cas y étaient prévus.

Le principe *non potest verbis tolli quod non verbis contractum est* n'empêchait pas quelquefois l'extinction d'une dette ayant pris naissance autrement que dans un contrat verbal. Ceci se présentait lorsque les liens juridiques étaient noués de telle façon qu'il y avait unité d'obligation et pluralité de débiteurs. En cas de fidéjussion, par exemple, si le créancier faisait acceptilation avec le fidéjusseur, la dette du débiteur principal, qu'elle qu'en fût la source, se trouvait éteinte du même coup.

§ II. — *De ceux qui peuvent renoncer à une créance par acceptilation.*

Au créancier seul, en principe, appartient le droit de libérer son débiteur par acceptilation.

Si le créancier est impubère, *l'auctoritas tutoris* est nécessaire.

Dans son commentaire III. § 171. Gaius semble opposer un paiement effectif à la *solutio imaginaria*, et il nous indique cette différence : *mulier sine tutoris auctoritate acceptum facere non potest, cum alioquin solvi ei sine tutoris auctoritate possit.*

L'adstipulator, qui avait qualité pour recevoir un paiement réel, était parfaitement capable de faire une remise de dette par acceptilation, sauf le recours auquel il se trouvait exposé vis-à-vis du stipulant principal s'il avait agi en fraude. Parlant de la loi Aquilia, Gaius nous dit : *Capite secundo in adstipula- torem qui pecuniam in fraudem stipulatoris acceptam fecerit, quanti ea res esset, tanti actio constituitur* (G. III. § 215).

S'il y a plusieurs créanciers solidaires, chacun des *corei stipulandi* a le droit de faire acceptilation au profit du débiteur, comme il aurait le droit de recevoir le paiement de toute la créance.

L'esclave ne pouvant rendre pire la condition de son maître, il lui est par conséquent interdit de consentir une acceptilation en faveur d'un débiteur de ce dernier. Cette incapacité n'est même pas levée quand son maître lui a donné un ordre en ce sens : *Servus nec jussu domini acceptum facere potest* (L. 22, D., *de accept.*). La même règle s'applique au *filiusfamilias*.

§ III. — *De ceux qui peuvent provoquer la libération résultant d'une acceptilation.*

Les personnes *sui juris* que nous avons vues incapables de jouer le rôle de renonçant dans une acceptilation, peuvent très-bien concourir à cette opération quand eux-mêmes sont tenus de la dette qu'il s'agit d'éteindre : cette incapacité étant organisée dans leur propre intérêt

Quant aux personnes *alieni juris*, leur incapacité cessera pour une raison analogue, quand il s'agira pour elles de procurer l'extinction d'une dette à celui sous la puissance duquel elles se trouvent. En principe, ceux qui peuvent au moyen d'une stipulation acquérir une créance à autrui, peuvent aussi lui acquérir le bénéfice d'un acceptilation.

A ce sujet, nous trouvons une nouvelle preuve de l'étroite relation qui existe entre l'acceptilation et la stipulation.

Ainsi le *servus hereditarius* en stipulant ou en participant à une acceptilation, fait bénéficier l'hérédité des effets produits par cette opération. Dans l'un et l'autre cas, il faut qu'il agisse *sibi aut impersonaliter;* s'il parlait au nom de son maître défunt, il y aurait nullité.

Si le même esclave, voulant obtenir une remise de dette, interrogeait au nom de l'héritier futur, on voyait en ce cas se renouveler la controverse qui s'élevait quand l'esclave avait stipulé *futuro heredi nominatim.* Les Sabiniens, faisant rétroagir l'adition d'hérédité à l'ouverture de la succession, appuyaient la validité que repoussaient au contraire les Proculéiens par ce motif qu'au moment où l'esclave agissait, l'héritier futur n'était pas encore son maître.

Si le maître est retenu prisonnier chez l'ennemi, et que l'esclave ait interrogé nominativement pour ce maître, l'acceptilation sera en suspens, comme la stipulation elle-même le serait : si le maître est de retour dans sa patrie, elle sera valable, grâce à la théorie du *postliminium* ; s'il meurt chez l'ennemi, elle sera nulle sans pouvoir profiter aux héritiers, parce que les paroles ont désigné le captif qui était incapable et qui est mort en cet état. — Si l'esclave avait interrogé *sibi aut impersonaliter*, l'opération eut été efficace à tout événement.

De même que le bénéfice de la stipulation appartient exclusivement au maître au nom duquel a stipulé le *servus communis*, de même l'extinction de la créance se produit-elle uniquement pour celui de ses maîtres que le *servus communis* a voulu libérer par acceptilation.

Le *filiusfamilias* pouvant s'obliger, il est naturel qu'il puisse faire acceptilation pour son propre compte, en vue de se libérer.

L'esclave aussi pouvant dans certains cas se trouver obligé civilement, aura la même capacité que le *filiusfamilias* (L. 8, § 4. De accep.).

Toutes les fois qu'une obligation dans laquelle *una res vertitur* réunit plusieurs débiteurs, chacun d'eux a qualité pour obtenir par une acceptilation une remise de la dette au profit de tous ses co-débiteurs, comme il aurait qualité pour effectuer en totalité le paiement de l'obligation.

Quand il y a plusieurs obligés *in solidum*, ou lorsque plusieurs doivent une chose indivisible, bien qu'il y ait ici pluralité d'obligations, chacun des co-obligés a encore le pouvoir de procéder à une acceptilation tant dans son intérêt que dans l'intérêt de ses *co-rei*.

On comprend la raison de ces dernières règles quand on se reporte à la définition des Instituts : *Est autem acceptilatio imaginaria solutio.* Mais il existe des différences saillantes entre cette *imaginaria solutio* et la *solutio* elle-même quant aux personnes qui peuvent y concourir.

Pour le paiement, voici ce que disent les Instilutes : *Nec tamen interest quis solvat utrum ipse qui debet, an alius pro alio; liberatur enim et alio solvente, sive sciente debitore sive ignorante vel invito, solutio fiat* (L. III, t. XXIX, pr.).

L'acceptilation étant un *actus legitimus*, exige la présence des intéressés eux-mêmes. Le créancier devra donc se trouver en présence du débiteur ou de ceux qui lui sont unis par un lien de puissance. Mais on n'admet pas l'intervention, comme pour la *solutio*, d'une personne étrangère, pas même d'un fondé de pouvoirs. Au Digeste, la loi 3 de notre titre attribue à Paul ce fragment : *Per procuratorem nec liberari nec liberare quisquam acceptilatione potest sine mandato.* Ces derniers mots semblent être en opposition avec l'ensemble du texte, car un *procurator* présuppose un mandat; et ensuite le § 10 de la loi 13 de ce titre s'accorde mal avec ces mêmes mots. Aussi, croit-on que la loi 3 a été mal reproduite au Digeste, et en lisant, avec Hotman, *sine novatione* au lieu de *sine mandato,* on arrive à une explication satisfaisante. En effet, grâce à la novation, il est possible d'éteindre la dette ou la créance d'autrui pourvu que l'on soit muni d'un mandat conventionnel ou légal. Le tuteur, par exemple, en devenant créancier à la place de l'impubère peut ainsi consentir une acceptilation, puisqu'il s'agit maintenant d'une créance que la novation a fait entrer dans son propre patrimoine. — Sans aucun mandat on pourra de la même manière éteindre la dette d'autrui : après une *expromissio* qui met un tiers aux lieu et place du débiteur, ce tiers est désormais habile à provoquer une acceptilation qui aura pour effet de le libérer lui-même. *Ita fiet,* dit Ulpien, *ut absens novatione; præsens enim acceptilatione liberetur.*

§ IV. — *Des effets de l'acceptilation.*

L'acceptilation opère comme le paiement et a pour effet de libérer le débiteur de son obligation.

Il arrivait quelquefois qu'on faisait une acceptilation à la suite d'un paiement réel : elle intervenait en ce cas comme par surcroît, car le débiteur a été bien et dûment libéré par le paiement.

Gaius se demandait si l'acceptilation pouvait s'appliquer à une partie de la dette, mais Justinien résout affirmativement la question : *Sicut autem quod debetur, pro parte recte solvitur, ita in partem debiti acceptilatio fieri potest* (Inst., lib. III, tit. XXIX, § 1). Cette règle est vraie, soit que la dette ait pour objet un genre, soit qu'elle ait pour objet un corps certain ; le Digeste à cet égard en fait foi : *Pars stipulationis*, dit Paul, *accepta fieri potest non tantum si sic dicat : ex nummis decem quos tibi promisi, quinque habesne acceptos; sed et si sic : quod ego tibi promisi, id pro parte dimidia habesne acceptum ?* (l. 9, D. h. tit.). Cette acceptilation partielle s'appliquant à un corps certain se concevait, par exemple, si un créancier, à la mort de son débiteur laissant plusieurs héritiers, voulait restreindre sa libéralité à l'un d'eux seulement. (L. 10, D. h. tit.).

En cas d'obligation alternative, il sera encore possible de faire une acceptilation partielle. Le créancier alors n'aura plus droit, dans l'un ou l'autre objet de la dette, qu'à la fraction dont remise n'aura pas été faite. « Ayant stipulé un esclave ou dix écus d'or, par acceptilation je fais remise de cinq à mon débiteur : je ne pourrai plus demander que cinq écus d'or, ou la co-propriété pour moitié d'un esclave. » Pourtant, un débiteur mêmement engagé ne serait définitivement libéré pour aucune partie en payant cinq écus. La raison de cette différence entre les effets d'une acceptilation et d'un paiement s'appliquant partiellement à une dette alternative s'explique aisément. En payant une partie de cette dette le débiteur ne se trouve pas d'autant libéré, parce que, si elle était admise, cette libération lui permettrait par voie de conséquence de se solder par le paiement de partie de la chose autre que celle primitivement livrée. Cela serait contraire à l'intention du créancier, lequel n'entend pas recevoir partie d'une chose et partie d'une autre. Mais en matière de remise de dette, il n'y a pas d'obstacle à éteindre à due concurrence l'obligation alternative dont on fait acceptilation partiellement : il n'y a plus à craindre que le créancier reçoive un paiement de choses différentes.

Si la dette était indivisible, l'acceptilation ne pourrait avoir lieu pour partie ; s'il s'agit, par exemple, d'une servitude prédiale promise par stipulation, le créancier ne peut tenir pour reçue une fraction quelconque de sa créance dont l'objet est indivisible.

Quand une dette est remise pour partie c'est que l'objet de l'acceptilation est bien *in obligatione*. Voici à ce sujet ce que dit Paul : *Nisi consentiat acceptilatio cum obligatione, et nisi rerum est quod in acceptilatione demonstratur, imperfecta est liberatio, quia verbis verba ea demum resolvi possunt quæ inter se congruunt.* (L. 11, D., *de accept.*).

Il faut, à cet égard, se garder des équivoques qui pourraient naître à propos des droits ayant pour objet les démembrements de la propriété, et qui semblent susceptibles de parties. Ainsi, quand on est créancier d'un *fundus*, l'acceptilation qui aurait pour objet la remise de la servitude *via*, serait inutile ; car la servitude n'est pas une partie du fond.

Celui qui aurait stipulé la servitude *via* ferait de même une acceptilation inutile, si celle-ci avait pour objet soit l'*iter*, soit l'*a tus*. Mais si l'acceptilation s'appliquait cumulativement à l'*iter* et à l'*actus*, le débiteur, au dire d'Ulpien, serait libéré. (L. 13, § 1, h. tit.). Bien que la *via* suppose quelque chose de plus que l'*iter* et l'*actus* réunis, Ulpien considère sans doute que la *via* sans ces derniers droits ne saurait se concevoir.

L'usufruit est-il une partie du fonds ? Ulpien, Paul et Papinien soutiennent la négative ; conséquemment, le créancier d'un *fundus* qui consentirait acceptilation de l'usufruit, ferait un acte nul, comme il y aurait nullité si le créancier d'une maison faisait acceptilation du ciment, des fenêtres ou des murs la composant. (Cette doctrine qui consiste à affirmer que l'usufruit *non obtinet affectum partis*, semble aussi inspirer notre législation française.

La jurisprudence ne se refuse-t-elle pas, en effet, à voir un partage dans la convention qui interviendrait entre le nu-propriétaire et l'usufruitier d'un même fonds et qui aurait pour effet d'attribuer dans ce fonds, en pleine propriété, à l'un d'eux la partie Nord, et à l'autre la partie Sud ? »)

Qu'arriverait-il si le créancier de l'usufruit faisait acceptilation de l'*usus* ? D'après Ulpien, l'acceptilation serait valable si le créancier avait entendu faire remise de l'*usus* attaché au droit d'usufruit : *cum possit usus sine fructu constitui* (L. 13, § 3, h. tit.) ou plutôt selon la correction de Cujas : *cum possit fructus sine usu constitui.*

Cependant cette dernière loi semble être en contradiction avec la loi 14 § 1 (D. liv. VII, tit. 8), dans laquelle le même jurisconsulte dit : .... *fructui et usus inest... fructus quidem sine usu cesse non potest.* Mais la contradiction n'est qu'apparente. Dans cette dernière loi, on veut seulement dire que lorsque l'*usus* et le *fructus* d'un fonds reposent sur différentes têtes, le *fructvarius,* pour recueillir les fruits naturels ou industriels du fonds, ne pourra faire autrement que de se livrer à des actes semblables à ceux de l'usager, par exemple aller et venir sur le fonds, actes sans lesquels la perception des fruits serait matériellement impossible.

Le créancier d'un objet dû *in genere* éteint la dette, lorsque par acceptilation il déclare tenir pour reçu un corps certain compris dans ce genre : *Si is qui hominem stipulatus est, Stichum accepto tulerit, Julianus lib. 54. Digestorum scripsit, acceptilationem aliquid egisse, tollisseque totam obligationem, quod enim invito stipulatori promissor solvere potest, id est acceptum latum liberationem pariet* (L. 13, § 4, D., de accep.).

Nous avons vu que chacun des *correi stipulandi* avait le droit de consentir une acceptilation et que chacun des *correi promittendi* avait qualité pour accepter l'abandon de la créance par cette même voie : en ces différents cas, l'extinction de la dette aura un effet absolu et opérera à l'égard de tous. (Dans notre droit français, le Code Napoléon ne présente pas d'unité dans les solutions qu'il nous donne à propos de la remise d'une dette affectée de solidarité tant activement que passivement. Ainsi, l'article 1198 décide que la remise faite par l'un des créanciers solidaires ne libère le débiteur que pour la part de ce créancier; tandis que l'article 1285 étend la libération à tous les co-débiteurs solidaires, quand la remise est faite à l'un d'eux).

L'acceptilation consentie au débiteur principal libère le fidéjusseur et réciproquement.

Une obligation conditionnelle s'accommode très-bien d'une remise faite *pendente conditione :* grâce à l'effet rétroactif attaché à l'avènement de la condition, l'obligation est censée avoir existé au moment où s'est faite la remise.

Si l'obligation conditionnelle est garantie par un fidéjusseur, l'acceptilation intervenant, le débiteur principal comme le fidéjusseur se trouveront tous deux libérés à l'avènement de la condition, sans qu'il y ait à distinguer si c'est le *reus* ou le fidéjusseur qui a obtenu l'acceptilation.

Si l'acceptilation s'appliquait à une dette future, elle serait de nul effet parce que l'acceptilation présuppose l'existence d'une dette qu'elle a pour objet d'éteindre. Un fidéjusseur, je suppose, s'est engagé à cautionner l'obligation qui résultera d'un *mutuum* devant être fait à Titius : avant la réalisation du prêt le fidéjusseur obtient remise de son engagement: Cette remise ne produira son effet que si l'engagement du fidéjusseur prend naissance, c'est-à-dire si le *mutuum* se réalise; mais dès que le prêt sera fait, le fidéjusseur se trouvera libéré ; quant au *reus*, il ne pourra invoquer une acceptilation antérieure à son obligation (L. 13, § 9, h. tit.).

Dans la loi 13, § 8, Ulpien suppose qu'un légataire conditionnel a consenti *pendente conditione*, une acceptilation au fidéjusseur qui garantit le paiement du legs, et il décide que l'héritier ne sera pas moins débiteur du legs quand la condition se sera accomplie. Le motif de cette décision, c'est que le droit au legs conditionnel ne prend naissance qu'au jour où la condition s'accomplit, sans effet rétroactif à la mort du testateur.

Cependant la loi 31 de notre titre nous indique qu'on peut arriver à éteindre complètement un legs conditionnel par la novation. En effet, le légataire conditionnel stipule *animo novandi* ce que lui doit l'héritier, et ensuite il abandonne sa nouvelle créance par acceptilation. Si la condition à laquelle le legs était subordonné vient à s'accomplir, cet évènement validera tout à la fois la novation et l'acceptilation. Par suite, la novation aura éteint l'action *ex testamento ;* quant à l'action *ex stipulatu* que la novation aura fait naître, elle se trouvera éteinte par l'acceptilation.

La remise de dette qui se traduit par une acceptilation, peut servir à constituer une dot, soit que la femme consente la remise au débiteur qu'elle se propose d'épouser, soit qu'un étranger, voulant constituer une dot à la femme, fasse acceptilation de la somme que lui doit le futur mari. Dans ces différents cas; le créancier est censé avoir reçu l'objet de sa créance et l'avoir transféré ensuite *dotis causâ.*

Que faudrait-il décider si, après une acceptilation faite *dotis causâ,* le mariage ne se réalisait pas? — Nous avons vu que si l'acceptilation, comme *actus legitimus,* ne comporte pas l'adjection d'une condition expresse, elle peut être cependant affectée d'une condition implicite. Étant de principe que la constitution de dot est subordonnée à la réalisation du mariage, l'acceptilation a donc été faite sous la condition tacite: *si nuptiæ sequantur.*

Mais, *insecutis nuptiis,* dans quelle situation se trouvera-t-on ? — Sur ce point, les jurisconsultes Romains paraissent, à première vue, n'être pas du même avis. Voici ce que dit la loi 43 § 1 (D., *de jure dot) : licet soleat dos per acceptilationem constitui, tamen si ante matrimonium acceptilatio fuerit interposita, nec nuptiæ secutæ, Scævola ait matrimonii causâ acceptilationem interpositam, non secutis nuptiis nullam esse, atque ideo suo loco manere obligationem.* Ainsi, selon l'opinion de Scévola, reproduite par Ulpien, l'acceptilation serait non avenue ; conséquemment, la femme conserverait sa créance intacte. Mais Javolenus, dans la loi 10 (D. *de condict. sine causâ*) maintient dans le même cas l'acceptilation, en ajoutant toutefois : *recte pecunia condicetur, quia nihil interest utrum ex numeratione ad eum sine causâ, an per acceptilationem pervenerit.* En résumé, quand le mariage n'a pas lieu, Scévola et Ulpien regardent l'acceptilation comme non avenue, et conservent au créancier son action comme si elle n'avait été en rien modifiée. Javolenus, au contraire, tient pour éteinte l'action primitive qu'il remplace par une *condictio sine causâ.*

Faut-il voir dans ces textes la preuve d'un défaut d'accord entre les jurisprudents, ou bien le dissentiment est-il plus apparent que réel ? C'est à cette dernière croyance qu'on s'arrête généralement, et l'on dit que Scévola supposait une acceptilation consentie par un créancier qui entendait en suspendre l'effet jusqu'à la réalisation du mariage ; tandis que Javolenus suppose une remise faite incontinent par un créancier qui se réserve d'exercer la *condictio sine causâ* si le mariage n'a pas lieu. Nous trouvons dans les Fragments du Vatican, § 262, un passage qui montre que la condition *si nuptiæ sequantur,* peut être entendue ainsi différemment : .... *etsi adfinitatis contrahendæ causâ donationes factæ sunt, et nuntium sponsus culpâ suâ remiserit.... non repetuntur. Quod ita intelligi oportet, si revocandæ donationis conditio non conjuncti matrimonii comprehendatur, non perficiendi contractus.*

CHAPITRE II.

DU PACTE *de non petendo.*

§ I. — *Sa nature, sa formation, sa division.*

Le pacte *de non petendo* est tout simplement une convention dans laquelle le créancier s'engage à ne pas demander ce qui lui est dû.

Nous avons vu que la remise de dette se traduit en droit civil par l'acceptilation, et en droit prétorien, par le pacte *de non petendo.* En usant du moyen offert par le droit civil, on parvient à rompre tout à fait le *vinculum juris* qui constitue l'obligation ; au contraire en usant du pacte, on ne fait pas disparaître l'obligation qui, aux yeux du *jus civile* reste encore munie de son action, mais le préteur, sur la demande du débiteur, paralysera cette action par le moyen d'une exception. En un mot, l'acceptilation éteint la dette *ipso jure,* le pacte *de non petendo* libère le débiteur *exceptionis ope.*

Il arrivera pourtant quelquefois que le pacte éteindra la dette *ipso jure,* par exemple, quand le débiteur sera tenu soit de l'action *injuriarum,* soit de l'action *furti ;* mais la règle générale est bien que le pacte n'éteint la dette que *exceptionis ope.*

Le pacte n'est pas toujours expressément arrêté entre les parties. A défaut de déclaration explicite, il s'induit parfois de certaines circonstances qui supposent chez le créancier la volonté bien arrêtée de ne pas poursuivre son débiteur. C'est ce qui a lieu dans les cas suivants :

Nous avons vu que l'acceptilation étant un *actus legitimus,* ne comportait pas l'apposition d'un terme ou d'une condition ; mais cependant si elle avait été consentie avec cette modalité, on ne lui contestait pas l'efficacité d'un pacte *de non petendo.*

Le *jus civile* n'admettait pas non plus qu'une obligation pût s'éteindre par un laps de temps ; en conséquence, l'action continuera d'exister après l'arrivée du terme, malgré l'intention des parties. Seulement le préteur, pour donner satisfaction aux principes d'équité, corrige la rigueur du droit civil, et interprète la volonté des parties comme un pacte *de non petendo.*

La convention de remise de dette résultera encore tacitement de certains faits dont le Digeste nous fournit des exemples.

Ainsi on verra une remise de dette dans l'abandon qu'aura fait le créancier de son titre : *Si debitori meo,* dit Paul, *reddiderim cautionem, videtur inter nos convenisse ne peterem.* Et si le créancier s'avisait d'actionner son débiteur, ce dernier aurait la ressource de l'exception *pacti conventi : profuturamque ei conven-*

tionis exceptionem placuit. (L. 2, § 1, D. *De pactis*). — La même doctrine est consacrée en notre droit par l'article 1282 du C. N.

Si le créancier avait seu'ement remis le gage, tout autre serait la décision :

Postquam pignus debitori reddatur, dit Modestin, *si pecunia soluta non fuerit, debitum peti posse dubium non est.* (L. 3, D. *De pactis*).

(La remise de la chose donnée en paiement, dit le Code Napoléon, ne suffit point pour faire présumer la remise de la dette, art. 1286).

On présumera encore une remise dans le fait du créancier de ne pas réclamer les intérêts échus pendant un long temps : ces intérêts seront considérés comme abandonnés (L. 1, § 1, D. *De usuris et frutc.*).

Le fait de recevoir des intérêts à échoir sera interprété comme une convention de ne pas exiger le capital avant le temps jusqu'à l'expiration duquel les intérêts ont été calculés et perçus. (L. 57. *De pactis*).

Les cas que nous venons de citer ne sont que des exemples de remise tacite. On ne saurait, à cet égard, établir de règle fixe ; car le plus souvent la question de savoir si la remise résulte de tel ou tel acte sera une question de fait que le juge aura à résoudre. Dans la loi 26 au Digeste, *de probationibus* (XXII, 3), Papinien nous rapporte un rescrit de l'Empereur Commode décidant que le fait du fidéi-commissaire d'avoir, plusieurs fois, dans des comptes arrêtés. omis de faire figurer ce qui lui était dû à titre de fidéi-commis, constituait de sa part un abandon tacite.

Les pactes *de non petendo* se divisent en pactes *in rem* et en pactes *in personam.*

Pactorum quædam in rem sunt, quædam in personam. In rem sunt quoties generaliter paciscar, in personam quoties ne a persona petam, id est ne a Lucio Titio petam (L. 7, § 1, De pact.).

Comme on le voit, cette division a trait à l'étendue d'application que doit recevoir le pacte quant aux personnes qui peuvent l'invoquer.

Ici encore le juge aura à tenir compte de la volonté des parties, sans être enchaîné par les termes plus ou moins explicites dans lesquels aura été conçue la convention. *Plerumque persona pacto inseritur non ut personale pactum fiat, sed ut demonstretur cum quo pactum factum est* (L. 7, § 8, D. h. tit.).

En principe, le pacte *in personam* ne profite qu'à celui qui l'a fait, sans même que son héritier puisse l'invoquer. Le pacte *in rem*, au contraire, peut être opposé par toute personne, pourvu que tel soit l'intérêt médiat ou immédiat du pactisant.

Le pacte *in rem* a la même efficacité après la mort de son auteur, en ce sens que les héritiers de celui qui l'aura consenti devront le subir, absolument comme pourront l'invoquer les héritiers de celui au profit de qui le pacte aura été fait : *Cum generale sit*, dit Papinien, *locum inter heredes quoque letigantes habebit*. Et en effet, quand un créancier s'adressant à son débiteur lui dit : *profiteor te non teneri*, n'est-il pas clair que cette déclaration absolue équivaut à une quittance opposable envers et contre tous ?

Si le pacte est *in personam*, ses effets sont restreints aux personnes que la convention désigne : *Personale pactum ad alium non pertinere, quemadmodum nec ad heredem, Labeo ait* (L. 25, § 1, h. tit).

De sorte que le pacte ainsi conçu : *A te Prime, non petam*, se limite à mes rapports avec Primus : les héritiers de Primus pourront être contraints de payer soit à moi-même, soit à ma succession, envers laquelle Primus sera aussi tenu.

Le pacte pourrait être à la fois *in rem* par rapport à l'une des parties, et *in personam* pour l'autre : telle serait la convention ayant pour objet *ne ego petam*. Ainsi conçu, le pacte est *in personam* relativement à moi, créancier; et il est *in rem* à l'égard de mon débiteur. En conséquence, ce dernier et ses héritiers échapperont à toute action exercée par moi personnellement; mais chacun de mes héritiers aura le droit de poursuivre le débiteur.

§ II. — *Qui peut faire un pacte* de non petendo *et à qui il profite.*

En règle générale, on ne peut stipuler ou promettre que pour soi-même : on ne peut engager ou dégager autrui en faisant une promesse ou une acceptilation sous un nom étranger. Par conséquent, le pacte *de non petendo* ne peut intervenir qu'entre créancier et débiteur. Si donc un tiers était convenu avec le créancier que celui-ci ne poursuivrait pas Titius son débiteur, ce dernier ne pourrait pas invoquer le bénéfice de l'exception, alors même qu'il viendrait à succéder au tiers qui a pactisé en son nom.

Voici, à l'occasion de ce principe, deux lois tirées des Pandectes, qui paraissent n'avoir pas été inspirées par une même unité de doctrine.

Dans la loi 17, § 4, *de pactis*, Paul s'exprime ainsi : *Si pactus sim, ne a me neve a Titio petatur, non proderit Titio, etiamsi heres extiterit quia ex postfacto id confirmari non potest.* Ensuite, Paul reproduit ainsi l'opinion de Julien : *Hoc Julianus scribit in patre qui pactus erat, ne a se neve a filia peteretur : cum filia patri heres extitisset.*

Dans la loi 10, de pact. dot. (XXIII, 4), on lit le fragment que voici, attribué à Pomponius : *Avus pactus est, cum dotem pro nepote suscepisset, ne a se, neve a filio dos peteretur : ab alio vero, quam filio herede ut dos peteretur : exceptione conventionis filius tuendus erit.*

Ainsi Paul et Julien affirment que si un père convenait *ne a se neve a filia peteretur,* le pacte ne serait d'aucune utilité pour la fille. Pomponius, au contraire, accorde une exception au fils dont le père aurait convenu *ne a se neve a filio dos peteretur.*

Cependant, d'après Cujas, les deux décisions n'auraient rien de contradictoire, parce que les espèces ne sont pas absolument les mêmes. En effet, Paul et Julien supposent que le père a fait mention de sa fille, comme fille seulement et non comme héritière ; c'est sa qualité de fille et non sa qualité d'héritière qui l'a déterminé, voilà pourquoi l'exception de pacte ne lui sera pas donnée.

Pomponius, lui, suppose que celui qui a pactisé était uniquement préoccupé du soin de faire une convention qui profitât tant à lui-même qu'à ses héritiers ; aussi le jurisconsulte donne-t-il au fils héritier le secours de l'exception : *quippe heredi nostro carere concessum est.*

Comme une application du principe que le pacte ne peut profiter ou nuire qu'aux personnes entre lesquelles il est intervenu, on peut citer le pacte fait par le possesseur d'une hérédité, lequel ne peut être invoqué par l'héritier véritable ni lui être opposé (L. 17, § 6, D. *De pact.*),

Cependant Paul, qui est l'auteur de cette dernière loi, a encore écrit ce fragment : *Si post constitutam tibi pecuniam, hereditatem ex senatusconsulto Trebelliano restitueris, quoniam sortis petitionem transtulisti ad alium deneganda est tibi pecuniæ constitutæ actio. Idem est in hereditatis possessore post evictam hereditatem. Sed magis est, ut fideicommissario, vel ei qui vicit, decernanda esset actio* (L. 22, D., *De pec. const.*, XIII, 5).

Cujas concilie encore ces deux textes par l'explication suivante : Il en est ainsi parce que le pacte de constitut formé par l'institué ou le possesseur avec l'un des débiteurs de l'hérédité, n'est que l'accessoire d'une obligation antérieure dont il assure plus efficacement le paiement, mais qui existait déjà sous une autre forme, dans les biens héréditaires, accessoire qui constitue une des valeurs à restituer à l'héritier véritable ; mais dans le pacte *de non petendo*, on ne peut y voir l'accessoire d'une action principale ; voilà pourquoi le pacte *de non petendo* fait par le possesseur de l'hérédité demeurera chose étrangère pour l'héritier véritable.

Bien qu'il soit vrai de dire que nul ne peut pactiser pour autrui, on reconnaissait cependant au mandataire le droit de faire un pacte *de non petendo* indirectement profitable au mandant.

A la vérité le mandant ne pourra invoquer l'exception *pacti* : ainsi le veulent les principes du Droit romain qui n'admettent pas la représentation du mandant ; mais on parvint à se débarrasser des conséquences gênantes de cette théorie par un biais : si le créancier, au mépris du pacte *de non petendo* qu'il avait consenti avec le mandataire de son débiteur, intentait l'action que lui conservait le droit civil, le débiteur avait la ressource, non pas de l'exception *pacti conventi*, mais de l'exception *doli*. Car il y a dol de la part du créancier à intenter une action contre celui qu'il s'est engagé à ne pas poursuivre : *Quosdam qui exceptione pacti uti non possunt, doli exceptione usuros, et Julianus scribit, utputa si procurator meus pac'scatur, exceptio doli mihi proderit, ut Trebatio videtur : qui putat, sicuti pactum procuratoris mihi nocet, ita et prodesse* (L. 10, D., *De pact.*).

Les mandataires légaux, comme les tuteurs et curateurs, peuvent faire un pacte en faveur des personnes dont les intérêts leur sont confiés, car, comme dit Gaius à propos de ces mandataires, *longe utile est pactiones recipi ;* mais ils n'ont pas pouvoir pour consentir un pacte qui soit préjudiciable à ces mêmes personnes : *Tutores et curatores de pactis exigentes pupillis et adultis debitum, non etiam remittentes præstant obligationis liberationem* (L. 22, C., *De pact*).

Quel sera l'effet d'un pacte *de non petendo* fait par ceux qui sont sous la puissance d'un *pater* ou *dominus* débiteur ? — La règle est que nous pouvons rendre notre condition meilleure par le fait des personnes que nous avons en notre puissance : si donc le fils de famille ou l'esclave convient *ne a patre vel a domino petatur*, le père ou le maître aura le bénéfice de l'exception de pacte, sans qu'il y ait à distinguer si la dette a été contractée par celui qui est investi de la puissance, ou par celui qui y est soumis.

Si l'esclave n'obtient qu'un pacte *in personam*, s'il convient *ne a se petatur*, en ce cas, *nihil valebit pactum*, mais cependant le maître aura l'exception subsidiaire de dol : *tunc domino doli superest exceptio* (L. 21, § 1, *De pact.*).

Si l'esclave avait fait un pacte *in rem* le maître en profiterait : *et si in rem paciscatur proderit domino, et heredi ejus pacti conventi exceptio* (LL. 10 et 10, *h. tit.*).

Lorsque c'était un fils de famille qui faisait un pacte *ne a se peteretur*, comme il pouvait être tenu civilement, ce pacte faisait naître à son profit une exception *pacti conventi*. Probablement en était-il de même pour l'esclave qui avait fait un pacte semblable dans les cas exceptionnels où il était tenu d'une obligation civile.

A l'inverse, voyons quel sera le résultat d'un pacte *de non petendo* consenti par ceux qui se trouvent sous la puissance du créancier.

S'il s'agit d'un pacte *in personam* fait par un fils ou un esclave ayant convenu *ne ipse peteret*, le pacte est inutile, dit Gaius (L. 28, § 2, h. tit.). Cependant, ce même auteur apporte un correctif à cette doctrine généra'e, quand il s'agit du fils.

S'il s'agit d'un pacte *in rem* ainsi conçu : *ne pecunia petatur*, bien certainement il ne nuira pas au créancier ; — le texte ne prend même pas la peine de le constater. Mais Gaius se préoccupe des conséquences de ce pacte si le fils ou l'esclave avaient en vue une créance faisant partie d'un pécule dont l'administration leur serait confiée : en ce cas le pacte sera opposable au *dominus* ou *pater*. Mais, ajoute le jurisconsulte, ceci demande à être complété : car celui qui a la libre administration d'un pécule n'a pas pour cela le *jus donandi*. Il s'en suit donc que si le pacte *de non petendo* a été fait à titre gratuit, ce pacte sera non avenu. Mais si la convention, dont le pacte est un des éléments, est à titre onéreux, ce pacte sera alors opposable au maître ou au père de famille. (L. 30, *pr.*, *h. tit*).

Ce qui vient d'être dit concernant l'esclave, s'applique également à l'homme libre qui se trouve *in servitute*, et au *servus* qui est l'objet d'un droit d'usufruit.

Un ayant-cause à titre particulier peut-il s'appuyer sur un pacte qui aurait été fait à son auteur ? Le possesseur d'un fonds appartenant à autrui convient avec le propriétaire qu'il ne revendiquera pas son bien ; ensuite il aliène le fonds à titre particulier au profit de Tertius. Mais voilà que le *dominus* vient revendiquer l'immeuble entre les mains de Tertius : Ce dernier sera-t-il couvert par l'exception *pacti conventi* ? Si le pacte a été fait *in rem*, son effet sera absolu, Tertius pourra l'invoquer ; ce point ne soulève pas de difficulté. — Mais si le pacto avait été fait *in personam*, Sabinus décide que le défendeur pourra en profiter pour repousser le revendiquant.

Cette décision semble discorder avec ce que nous savons touchant les effets produits par le pacte *in personam* ; d'après Sabinus, il semble qu'il n'y a plus de différence entre ce dernier pacte et celui fait *in rem*. Cependant Accurse nous montre bien qu'il n'en est pas ainsi et que la décision de Sabinus est conforme aux principes : l'aliénateur ayant intérêt (tout au moins un intérêt moral, s'il est donateur) à ce que l'acquéreur ne soit pas évincé, ce sera bien en vue de la personne qui a pactisé qu'on donnera l'exception *pacti* au défendeur Tertius. Mais comme ce pacte a été conçu *in personam*, il ne survivra pas à celui *cujus personœ cohœret*.

Nous avons vu que l'un des *corei stipulandi*, en faisant acceptilation avec le débiteur, anéantissait l'obligation, même vis-à-vis des autres créanciers. Le pacte *de non petendo* consenti par l'un de ces *corei stipulendi* aura-t-il le même effet ? — Voici sur ce point la décision de Paul : *Si unus ex argentariis sociis cum debitore pactus sit : an etiam alteri noceat exceptio ?..., Nec si in rem pactus sit, alteri nocere : tantum enim constitutum, ut solidum alter petere possit ... Idemque in duobus reis stipulandi dicendum est* (L. 27, pr. h. tit.). Ainsi, il n'y a pas lieu de distinguer s'il y a société entre les créanciers solidaires, ou si le pacte a été fait *in rem*. Dans tous les cas, le débiteur n'aura pas d'exception à opposer aux poursuites du créancier resté étranger à la convention ; celui-là seul qui aura pactisé ne pourra plus agir utilement : tel est l'effet du pacte consenti par un créancier solidaire.

Cependant, on a prétendu que cette doctrine n'était pas généralement admise : un texte de Paul, inséré au Digeste, a porté à croire que le pacte *de non petendo* consenti par un des créanciers solidaires, opérait à l'égard de tous. Ce texte (L. 30, pr., *de jurejur.*, liv. 12, tit. 2), est ainsi conçu : *in duobus reis stipulandi ab altero delatum jusjurandum etiam alteri nocebit*. Je crois que ce texte est invoqué à tort à l'appui de l'opinion qui veut

que le pacte consenti par un seul des créanciers solidaires ait
un effet absolu, car il y a une différence entre le pacte et le
serment : *nam quia jusjurand·m in locum solutionis succedit,
hic quoque eodem loco habendum est,* ajoute Paul dans le § 1 de
la même loi. D'ailleurs on comprend bien (et en matière de
pactes on s'inspire volontiers des principes d'équité), on comprend qu'un créancier n'ait pas qualité pour faire une remise de
dette au détriment de ses co-créanciers. Tandis que lorsqu'il
s'agit d'un serment, le créancier qui le défère au débiteur, ne
consent pas une libéralité au profit de ce dernier : il se borne à
mettre le débiteur en demeure de faire une déclaration qui peut
être à l'avantage des créanciers. Si donc la délation du serment
peut être avantageuse pour les créanciers, il n'est pas illogique
que ceux-ci en supportent aussi les mauvaises chances.

Voyons maintenant quels seraient les effets du pacte *de non
petendo* fait à l'un des débiteurs solidaires.

Si le créancier a fait un pacte *in personam*, s'il a dit *a te,
Prime, non petam*, le pacte ne profite qu'à Primus, et le créancier conserve son action vis-à-vis des autres *rei promittendi*. Si
ceux-ci sont actionnés, ils devront payer l'intégralité de la dette,
sauf à eux à recouvrer de Primus la part qu'il doit en définitive
supporter. Ainsi l'avantage que retirera Primus de ce pacte, sera
de ne pas être exposé à faire une avance pour ses co-débiteurs.

Primus et Secundus étant *duo rei promittendi*, si un pacte *in
rem* a été consenti au profit de Primus, qu'adviendra-t-il ? —
Si les débiteurs ne sont pas *socii*, Secundus pourra être contraint
de payer toute la dette ; de quel droit, en effet, invoquerait-il
un avantage concédé à Primus ? — Si au contraire Primus et
Secundus sont *socii*, Secundus se défendra en invoquant le pacte,
parce que tel est l'intérêt de Primus lui-même. Car, si Secundus
était obligé de payer nonobstant le pacte *in rem* consenti à son
associé Primus, ce dernier serait sous le coup de l'action *pro
socio* que lui intenterait Secundus pour se faire rembourser ce
qu'il aurait payé en son acquit : or ce n'est pas ce résultat qu'ont
visé les pactisants. (LL. 23 et 25, pr. h. tit.).

Alors même que les *corci promittendi* ne seraient pas *socii*, un pacte *in rem* fait à l'un d'eux pourrait cependant profiter aux autres s'il était manifeste que le créancier, en faisant ce pacte, avait eu l'intention de faire une remise qui profitât à tous : on accorderait alors aux débiteurs, une exception de dol. On peut induire cette décision de la loi 25, § 2 de notre titre, dans laquelle le jurisconsulte Paul, reproduisant en cela l'opinion de Julien, donne cette exception de dol au débiteur principal quand le pacte a été consenti dans la même intention au fidéjusseur.

Les mêmes règles qui régissent les obligations corréales proprement dites, sont aussi, en partie du moins, applicables aux obligations *in solidum* Si le pacte est *in rem* et qu'il y ait société entre les débiteurs, chacun d'eux pourra invoquer l'exception née du pacte. Mais s'il n'y a pas de société, ou même si le pacte est *in personam*, à la différence de ce qui a lieu pour les obligations corréales, la remise consentie à l'un des obligés *in solidum* profitera aux autres jusqu'à concurrence de la part incombant au débiteur pactisant dans la dette.

Examinons maintenant ce qui peut arriver si le pacte *de non petendo* s'applique à une dette garantie par un fidéjusseur.

Si le débiteur principal obtient une remise de dette par un pacte conçu *in rem*, la demande du créancier sera paralysée, soit qu'elle s'adresse au *reus*, soit qu'elle s'adresse au fidéjusseur La libération du fidéjusseur s'explique parce que s'il était obligé d'acquitter la dette, par l'action *mandati* il aurait un recours contre le débiteur principal, lequel serait ainsi privé du bénéfice du pacte. C'est pourquoi, lorsque le fidéjusseur n'avait pas cette action *mandati*, s'il avait par exemple cautionné la dette *animo donandi*, il ne pouvait invoquer le pacte consenti au *reus. In rem pacta omnibus prosunt, quorum obligationem dissolutam esse ejus qui paciscebatur, interfuit : itaque debitoris conventio fidejussoribus proficiet..... Si mandati actio nulla sit, forte si donandi animo fidejusserit, dicendum est non prodesse exceptionem fidejussori.* (Paul, L. 21, § 5 et L 32, h. tit.).

Si le reus n'avait obtenu qu'un pacte *in personam*, lui seul en profiterait, la caution ne pouvant s'en prévaloir. Lors donc que celle-ci après avoir payé se retournera contre le débiteur principal, ce dernier se trouvera dans la même position que s'il n'avait point pactisé.

Un débiteur principal, après avoir fait un pacte *de non petendo in rem*, fait ensuite un pacte contraire annulant le premier, que faut il décider à l'égard du fidéjusseur ? — Les Pandectes nous fournissent à ce sujet deux textes dont l'explication divise les interprètes. Voici d'abord la décision de Furius Anthianus : *Verius est, semel adquisitam fidejussori pacti exceptionem, ulterius ei invito extorqueri non posse.* (L. 62, h. tit.). Voici maintenant ce que dit Paul : *Pactus, ne peteret, postea convenit, ut peteret, prius pactum per posterius elidetur : non quidem ipso jure, sicut tollitur stipulatio per stipulationem, si hoc actum est, quia in stipulationibus jus continetur, in pactis factum versatur : et ideo replicatione exceptio eliditur Eadem ratione contingit, ne fidejussoribus pactum prosit.* (L. 27, § 2, h. tit.).

Pour accorder ces fragments, voici ce qu'on propose : Paul a en vue un débiteur qui, après avoir pactisé, *ne petatur*, convient ensuite *ut petatur* : la première convention se trouve ainsi détruite, et les deux pactes s'annulant l'un l'autre, l'obligation demeure dans sa condition première, et par conséquent le fidéjusseur reste tenu. Quant à Furius Anthianus, il suppose que le débiteur a d'abord pactisé *a se non peti pecuniam*, et, comme le décide ce jurisconsulte, *cœpit id pactum fidejussori prodesse;* plus tard, le *reus* convient *ut a se peti liceat.* Dans cette hypothèse, le dernier pacte détruit bien le premier en ce sens qu'il pourra être demandé, mais dans ces termes, il ne concerne plus que le débiteur qui y a souscrit, et la caution, une fois dégagée, ne saurait voir revivre son obligation par le fait de son débiteur.

On a tenté une autre conciliation que voici : Paul dit bien qu'après un pacte *de non petendo* consenti au débiteur principal, un nouveau pacte intervenant en sens contraire aurait pour effet de renouer les liens de l'obligation principale. Mais la phrase suivante : *eadem ratione contingit ne fidejussoribus prius pactum prosit*, signifierait qu'il est permis à un fidéjusseur, en pactisant lui-même, de se délier et de se lier de nouveau par des pactes conformes, en vertu du même principe dont on vient de faire l'application au *reus*.

Je ne pense pas que ces explications soient satisfaisantes ni qu'elles suffisent pour faire disparaître l'antinomie résultant des fragments attribués à Paul et Furius Anthianus

Si le pacte *de non petendo* avait été accordé au fidéjusseur, comme celui-ci n'aurait désormais aucun intérêt à ce que le débiteur principal ne fût pas poursuivi, ce pacte ne procurerait aucune exception au *reus* Voici pourtant un cas où il en serait différemment : *Si fidejussor in rem suam spopondit, hoc casu fidejussor pro reo accipiendus est : et pactum cum eo factum, cum reo factum esse videtur* (L. 24, II. Tit).

Si la caution était un *mandator pecuniæ credendæ* le pacte *de non petendo* que ferait le créancier avec le débiteur principal pourrait être invoqué par le *mandator*, sans distinguer entre le pacte *in rem* et le pacte *in personam*. La raison en est facile à comprendre, car le *mandator* actionné par le créancier peut lui tenir ce langage : « Il est vrai qu'en vous donnant mandat de prêter au débiteur, je m'étais par là même engagé à payer pour lui ; mais comme c'est par votre fait que vous ne pouvez recouvrer votre créance ni me céder une action efficace pour exercer mon recours, je ne dois pas être tenu d'exécuter mon engagement envers vous. » C'est ce qui ressort de la loi suivante : *Si creditor a debitore culpa sua causa ceciderit, prope est ut actione mandati nihil a mandatore consequi debeat ; cum ipsius vicio acciderit, ne mandatori possit actionibus cedere* (L. 95, § 11, D. de sol.).

Pourtant dans la loi 71, § 1, D. *de fidejussoribus*, Paul supposant *duo rei promittendi*, pour lesquels un certain Granius Antoninus s'était constitué *mandator pecuniæ credendæ*, donne la décision suivante : *Si ponamus unum ex reis promittendi pactum esse ne a se peteretur, deinde mandatorem solvisse : mandati judicio convenire potuit etiam eum, cum quo pactum est ; non enim pac-*

tum creditoris tollit alienam actionem. Ainsi, le *mandator* qui a payé malgré le pacte consenti à Primus pourra néanmoins exercer contre lui une action *mandati*; ceci contredirait le principe que nous avons posé plus haut ; à savoir que le pacte consenti en faveur du *reus* profitait au *mandator.* Cependant les interprètes ont trouvé une explication qui montre que ce texte n'est pas en opposition avec les principes.

Remarquons d'abord que le pacte fait à l'un des *rei promittendi,* est un pacte que nous avons qualifié *tam in rem quam in personam :* Son effet devait cesser à la mort de celui qui l'avait obtenu. Or, le *mandator* qui a payé malgré cette remise, n'aurait pu opposer qu'une exception temporaire : il ne peut donc exercer la *conditio indebiti* contre le créancier qu'il a désintéressé. Il ne pourra pas non plus exercer contre le *reus* pactisant l'action originaire que lui aurait cédée le créancier : l'exception *pacti conventi* la paralyserait. Mais il intentera l'action *mandati contraria* si l'on suppose qu'il ne connaissait pas l'existence du pacte, parce qu'alors le reus serait en faute de ne la lui avoir pas fait connaître.

CHAPITRE TROISIÈME.

DU PACTE *de non petendo* CONSENTI PAR LES CRÉANCIERS D'UNE SUCCESSION INSOLVABLE.

Il est élémentaire en droit qu'on ne peut être engagé par une convention à laquelle on est demeuré étranger : en conséquence une majorité de créanciers ne peut imposer la loi à la minorité. Voet commente cette idée en ces termes laconiques : *quisque rei suæ, nullus varo alienæ, moderator ac arbiter creditur ; suo quidem at non alterius juri renuntiare potest, et de suo, non alieno, liberalis esse.*

Cependant ce principe souffrait une exception : quand une succession était insolvable, on voyait quelquefois l'héritier obtenir des créanciers une remise plus ou moins considérable de leurs droits, et si l'héritier avait pour lui la majorité des créanciers, la convention était obligatoire pour tous.

§ I. — *Formation du pacte.*

Les Romains attachaient une grande importance à laisser après leur mort un continuateur de leur personne. Ils regardaient comme une ignominie s'attachant à leur mémoire lorsque, après leur mort, leurs biens étaient vendus sous leur propre nom, à défaut d'un héritier qui consentît à recueillir leur succession.

Il y avait bien des héritiers qualifiés *nécessaires* par la loi, mais le préteur avait introduit en leur faveur soit le bénéfice d'abstention, soit le bénéfice de séparation des patrimoines, dont l'effet était de les défendre contre les actions des créanciers héréditaires ; de sorte que le défunt mourait insolvable. Les créanciers poursuivaient alors la vente des biens du *de cujus*, et s'en partageaient le montant.

La *bonorum venditio* était fâcheuse pour tout le monde : pour les créanciers, qui se trouvaient réduits à ne recevoir qu'une partie de leur créance et à procéder préalablement à une liquidation embarrassante, laquelle d'ailleurs ne s'opérait pas sans frais ; — et pour l'héritier du débiteur, dont la considération recevait une grave atteinte de ce qu'il prenait peu à cœur le soin de la mémoire de son auteur.

Ces inconvénients étaient de nature à conseiller un accord entre les créanciers et l'héritier qui ne voulait pas prendre l'un de ces deux partis extrêmes : accepter ou répudier.

L'héritier convenait avec les créanciers qu'il ferait adition d'hérédité à condition qu'il lui serait accordé une remise plus ou moins forte du passif héréditaire. Ulpien prend soin de nous dire que la formation d'un pareil traité était valable : *Si ante aditam hereditatem paciscatur quis cum creditoribus ut minus solvatur, pactum valiturum est* (L. 7, § 17, D. *de pact.*).

Et comme ce traité, qui substituait une liquidation amiable à une répartition contentieuse, méritait quelque faveur, il fut décidé que l'adhésion de la majorité l'emporterait sur le refus de la minorité. Et il faut ajouter que le sacrifice imposé aux dissidents était plus nominal que réel, puisque la majorité, à moins d'une collusion peu présumable, ne consentira de remise qu'en retour de l'engagement que prendra l'héritier de procurer un dividende d'une importance au moins égale à celle qu'on obtiendrait à la suite d'une *renditio bonorum*.

D'ailleurs, il fallait l'intervention du préteur pour garantir la sincérité du traité et rendre obligatoire pour les créanciers dissidents le pacte consenti par la majorité.

Les textes ne nous renseignent pas sur la tenue de l'assemblée qui a pour objet de délibérer sur la formation du pacte.

Mais lorsque la réunion des créanciers ne sera pas complète, ou lorsque parmi eux se trouveront des opposants, différentes règles sont alors prescrites au préteur qui lui tracent la ligne de conduite qu'il aura à suivre.

Le préteur adoptera la résolution prise par la majorité, et la majorité sera déterminée par les règles suivantes :

Première règle. — Pour fixer le chiffre de la majorité, il faut s'attacher non pas au nombre des créanciers, mais à l'intérêt pris en masse qui doit les guider, c'est-à-dire au montant des créances : *majorem esse partem pro modo debiti ; non pro numero personarum, placuit.* Il faut remarquer que l'on doit tenir compte pour le calcul de la dette, non-seulement du capital, mais encore des intérêts : *Summæ autem applicare debemus etiam usuras* (L. 9, § 2, *h. tit.*).

Deuxième règle. — Lorsque le pacte est admis par une partie des créanciers et repoussé par l'autre partie, si les deux opinions *æquales sunt in cumulo debiti*, ce sera l'avis qui comptera le plus grand nombre de créanciers qu'on fera prévaloir.

Troisième règle. — Si les créanciers sont divisés en deux fractions égales en nombre et en sommes, le préteur se rangera à l'opinion appuyée par celui des créanciers le plus éminent en dignité.

Quatrième règle. — Enfin, si les règles précédentes ne suffisent pas au préteur pour faire pencher la balance, *sin autem omnia undique in unam æqualitatem concurrant*, le préteur adoptera l'avis le plus indulgent, c'est-à-dire qu'il optera pour la conclusion du pacte.

En résumé, *vincit quantitas non numerus ; numerus, non dignitas ; dignitas, non humanior sententia*

Pour la détermination du nombre de voix nécessaire pour constituer la majorité, on reconnaissait, en principe, à chaque créancier le droit de donner son suffrage ; il comptait dans la masse pour le chiffre de sa créance, et quand il était besoin de prendre en considération le nombre des créanciers, chacun d'eux comptait pour une tête.

Mais il n'en était pas toujours ainsi : il pouvait arriver qu'une personne eût plusieurs voix. Celui qui était chargé de plusieurs tutelles différentes, ou le mandataire qui était en même temps personnellement créancier, pouvaient avoir plusieurs voix.

Il pourrait aussi arriver que plusieurs personnes n'aient à elles toutes qu'une seule voix. Si parmi les créanciers se trouvent plusieurs *corei stipulandi*, comme il ne leur est dû qu'une chose unique et que le paiement fait à l'un d'eux éteint l'action des autres, ils n'auront droit tous ensemble qu'à une seule voix. De même qu'une poursuite exercée par l'un des *corei* éteint le droit des autres, de même l'opinion qu'il exprimera le premier engagera tous les autres.

Si tous les *correi stipulandi* se présentent simultanément pour participer au vote, et que nul d'entre eux n'ait devancé les autres par des poursuites exercées du vivant du débiteur, de façon à s'assurer le bénéfice de la créance, comme chacun d'eux a un droit égal, le dividende afférent à la créance totale sera partagé entre eux tous.

Paul nous dit qu'un tuteur se présentant au nom de plusieurs pupilles, pour une seule et même dette, n'aurait qu'un suffrage, parce que, dit-il, *difficile est, ut unus homo duorum vicem sustineat*. Cette raison ne semble pas bien concluante : aussi, suppose-t-on que le jurisconsulte avait en vue une créance corréale. (L. 9, pr., *h. tit.*).

Les créanciers à terme ou conditionnels devaient être convoqués à l'assemblée générale, où ils votaient de la même manière que ceux dont le droit était pur et simple : le pacte conclu devenait pour eux obligatoire. Mais leur créance devenait-elle dès lors exigible ? — Il est probable que l'héritier du débiteur conservait le bénéfice du terme. Il est vrai que lorsque la *venditio bonorum* s'effectue, Gaius s'occupant de la *deductio* opposable au *bonorum emptor*, s'exprime ainsi : « *Vocatur in deductionem et id quod in diem debetur* (comm. IV, § 67). Mais il ne ressort pas de là que le débiteur dépossédé encourût la déchéance du bénéfice du terme ; il est plus probable que le paragraphe de Gaius reconnaît au juge le pouvoir de tenir compte dans son estimation de la différence du temps. D'ailleurs, la vente du patrimoine emportât-elle pour le débiteur déchéance du terme, l'analogie ne permettrait pas d'étendre au cas qui nous occupe cet effet entaché quelque peu d'arbitraire.

Ulpien se demande si l'esclave, héritier nécessaire mais institué sous condition, fait un pacte valable lorsqu'il le conclut *prius quam libertatem et hereditatem apiscatur*. (L. 7, § 18, D. *De pactis*) Vindius et Marcellus professaient la négative *quoniam non solet ei proficere, si quid in servitute egit, post libertatem*. Mais si l'esclave ne profitait pas de l'exception *pacti conventi*, Marcellus lui accordait, après doute, l'exception *doli*. Ce jurisconsulte accordait pareillement l'exception de dol au *filius familias* institué qui obtenait un pacte de remise, se faisait émanciper et puis faisait adition.

Si le *filiusfamilias* ou l'esclave pactisaient du vivant du *pater* ou *dominus*, seule l'exception de dol leur compéterait.

A quelque classe qu'appartînt l'héritier, qu'il fût sien, ou externe ou nécessaire, il faisait un pacte valable lorsque, institué *purè*, il le faisait avant toute immixtion dans la succession. Telle est l'opinion de Marcellus : *quod verum est*, ajoute Ulpien.

Si l'héritier externe faisait adition sur l'ordre des créanciers, il avait contre ces derniers l'action *mandati* pour se garantir des conséquences préjudiciables de l'adition (L.7, § 18, D., *de pactis*).

§ II. — A QUI PEUT ÊTRE OPPOSÉ LE PACTE
de parte debiti non petendâ.

Nous avons vu que, en règle g'nérale, le pacte de remise avait pour effet de soumettre à son exécution les créanciers qui l'acceptaient comme ceux qui le repoussaient Mais que faut-il décider à l'égard des créanciers qui n'ont point pris part à la délibération, laquelle s'est tenue en leur absence et a eu pour résultat la conclusion du pacte ? — D'après un rescrit de Marc Aurèle, le pacte avait un effet absolu ; mais ajoutons de suite que l'empereur prononce dans l'hypothèse d'une convention intervenue entre tous les créanciers : *Rescriptum divi Marci*, dit Ulpien, *sic loquitur quasi omnes creditores debeant convenire*. (L 10, D., *de pactis*). Le jurisconsulte se pose ensuite cette question : *Quid ergo si quidem absentes sint? num exemplum præsentium absentes sequi debeant?* Ulpien ne répond pas principalement, mais il le fait incidemment quand il complique la question en supposant au créancier absent la qualité de privilégié : il laisse entendre que le créancier chirographaire absent sera assujetti au pacte. Cette décision, du reste, va de soi : puisque le pacte est opposable aux créanciers qui l'ont combattu lors de la délibération, à plus forte raison devront également subir la remise ceux qui n'ont pas expressément déclaré s'opposer à cette *sententia*, qualifiée *humanior* par Papinien.

Continuons maintenant l'examen de la loi 10 (D., *de pact.*) attribuée à Ulpien. *Sed an et privilegiariis absentibus hæc pactio noceat eleganter tractatur, si modo valet pactio contra absentes? Et repeto, ante formam à D. Marco datam, D. Pium rescripsisse fiscum quoque in his casibus in quibus hypothecas non habet, et cæteros privilegiarios, exemplum creditorum sequi oportere. Hæc enim omnia in his creditoribus qui hypothecas non habent conservanda sunt.* Ulpien se prononce donc en faveur de la masse contre les créanciers privilégiés absents, sans toutefois rendre le pacte opposable aux créanciers hypothécaires. Cette décision rigoureuse, le jurisconsulte l'appuie sur un rescrit d'Antonin le Pieux. Mais quelle modification avait apportée à cette jurisprudence le rescrit de Marc-Aurèle ? Il n'est pas aisé de le deviner à la lecture du texte : on a pensé, en s'attachant aux expressions *ante formam*, que Marc Aurèle se serait borné à compléter le rescrit antérieur par quelques détails de réglementation, tout en respectant le dispositif. Mais l'ensemble du texte paraît pourtant révéler chez Ulpien la pensée de quelque contrariété entre les deux rescrits.

La loi 10, que nous venons de reproduire, doit être rapprochée de la loi 58, § 1 au Digeste, titre *mandati* (liv. 17, tit. 1), dans laquelle Paul suppose qu'une hérédité a obtenu le bénéfice du pacte de remise, et ce, en l'absence d'un créancier garanti par une caution : Paul reconnaît à ce créancier le droit de poursuivre la caution : *iniquum est auferri ei electionem sicut pignus aut privilegium, qui potuit præsens idipsum proclamare nec desiderare decretum prætoris.* Ainsi Paul maintient au créancier, demeuré étranger à la conclusion du pacte, la faculté d'exercer son privilége, tandis que d'après Ulpien *privilegiarios exemplum creditorum sequi oportet.*

Différents essais ont été tentés pour accorder ces textes.

L'opinion de Cujas se résume en ceci : c'est que le rescrit de Marc Aurèle contredirait celui d'Antonin. Paul, en se montrant favorable aux créanciers privilégiés, statue *ex ratione juris* et se fonde sur le rescrit de Marc Aurèle, lequel suppose la présence de tous les créanciers pour que le pacte puisse aboutir. Tandis qu'Ulpien, sans vouloir rendre une réponse conforme au droit en vigueur au moment où il écrit, s'inspire du rescrit d'Antonin pour rendre une décision intéressante au point de vue historique.

Pothier, après avoir expliqué que Paul aurait pu ignorer le rescrit d'Antonin, que d'ailleurs ce rescrit donnait matière à critique puisqu'il prononçait une déchéance contre un créancier dont le privilége eût été maintenu s'il s'était présenté à la délibération, Pothier finit par reproduire l'explication de Cujas.

Mais on a fait observer que cette explication n'est pas admissible, parce que la phrase finale de la loi 10 : *Hæc omnia in his creditoribus qui hypothecas non habent conservanda sunt,* ne permet pas de douter qu'Ulpien entend bien faire l'application d'un

principe actuellement en vigueur. A cela on peut répliquer que
cette phrase a probablement été ajoutée par les co ordinateurs
du Digeste : en effet, il est quelque peu étonnant de voir le jurisconsulte, après avoir passé rapidement du simple au composé,
dans les questions qui forment la loi 10, terminer sa réponse
par cette règle élémentaire que le pacte est opposable aux créanciers qui n'ont point d'hypothèque.

Voici donc, en résumé, la conciliation que je propose pour
lever la contradiction que semblent présenter les deux textes qui
nous occupent : Antonin serait l'auteur d'un rescrit qui aurait
rendu le pacte de remise opposable à tous les créanciers indistinctement. Mais Marc-Aurèle, par un progrès naturel, n'aurait
pas tardé à réformer la jurisprudence créée par son prédéces-
seur, en ce qu'elle attribuait au pacte un effet trop général et
injuste pour les créanciers privilégiés : désormais ces derniers
conserveront leur garantie sans qu'il soit besoin pour eux de se
rendre à la délibération pour y stipuler la réserve de leur privilége : la décision de Paul serait inspirée par la législation par-
venue à cet état. Quant à Ulpien, il aurait eu simplement en vue
de montrer à quelle conséquence aboutissait le rescrit d'Antonin
ante formam a D. Marco datam.

Les compilateurs du Digeste, en complétant le texte d'Ulpien
par ces mots : *hæc ommia....,* énonçaient une règle vraie, en
même temps qu'ils mettaient en relief le point de vue historique
auquel Ulpien se plaçait.

Examinons maintenant dans son ensemble cette loi 58, § 1 :
jusqu'à présent nous n'avons fait qu'en extraire une idée accessoire ayant rapport à une question soulevée d'autre part Paul
établit qu'un créancier s'est fait donner une caution par Lucius
Titius, son débiteur, et que ce dernier étant mort insolvable, un
pacte de remise a été consenti en faveur de son héritier par la
majorité des créanciers. Le jurisconsulte se demande, *si mandator conveniatur, an eamdem habeat exceptionem, quam heres
debitoris ?* A quoi il répond par une distinction : si le créancier
a donné son consentement au pacte, la caution sera également

protégée par l'exception ; si, au contraire, le pacte s'est conclu en son absence, il pourra actionner efficacement la caution, absolument comme il pourrait poursuivre la réalisation d'un gage ou d'une hypothèque ; en effet, si le créancier avait été présent à la délibération il n'eût pas manqué de se réserver les garanties accessoires de sa créance. Du reste si on résolvait la question au préjudice du créancier, ce ne serait pas la succession qui en recueillerait le bénéfice, mais bien la caution, car celle-ci aurait l'action *mandati* pour rentrer dans ses déboursés.

Le créancier, alors même qu'il n'aurait point participé à la formation du pacte, perdrait toute action contre le garant, s'il acceptait de l'héritier le dividende convenu : *planè si ab herede partem accepisset, an in reliquum permittendum esset creditori fidejussorem convenire, dubitatum est ? Sed videbitur consentire decreto, conveniendo heredem.* Le fait du créancier recevant de l'héritier le paiement stipulé par le pacte, serait interprété comme une ratification : de là, plus de recours contre les obligés accessoires.

POSITIONS.

I. L'acceptilation faite en vue de réaliser une constitution de dot peut produire ses effets *insecutis nuptiis :* partant, point de contradiction entre les lois de Digeste : 43, pr., *de jure dotium,* et 10, *de cond. causâ datâ.*

II. On peut concilier la loi 27, pr. D. *de pactis* avec la loi 28, pr., *de jurej.*

III. On ne peut concilier la loi 27 § 2 D. *de pactis*, avec la loi 62 du même titre.

IV. On peut concilier la loi 71 § 1, *de fidejuss.* et la loi 95 § 2, *de sol.*

V. Le créancier privilégié qui n'a pas concouru à la formation du pacte de remise, conserve son privilége.

DROIT FRANÇAIS

DU CONCORDAT EN MATIÈRE DE FAILLITE.

Quand, à la suite d'une suspension de paiement, la faillite d'un commerçant a été déclarée, la loi prescrit l'accomplissement de différentes mesures qui toutes ont pour objet d'arriver à une connaissance aussi exacte et rapide que possible de la situation du patrimoine du failli. Une fois ce résultat obtenu, une importante question va se poser à l'examen des parties intéressées : que va-t-on faire des biens composant l'actif du failli ? — Les créanciers exigeront-ils que ces biens soient mis aux enchères pour le prix en provenant leur être distribué, en d'autres termes se constitueront-ils en état d'union ? — ou bien laisseront-ils au failli tout ou partie de sa fortune en lui accordant une remise de dettes à charge par lui de fournir ou promettre un dividende plus ou moins élevé ? — Ils peuvent encore prendre un moyen terme : consentir une libération en faveur du débiteur à condition que son actif soit promptement réalisé sans passer par la filière des formalités organisées par la loi dans l'intérêt du failli.

Laissant de côté ce qui a rapport à l'état d'union, nous nous occuperons exclusivement des deux dernières déterminations que nous venons de prévoir et auxquelles s'applique le nom générique de concordat.

HISTORIQUE.

Toutes les règles concernant le concordat sont posées dans le code de commerce; mais elles ne sont elles-mêmes qu'une partie de la loi générale sur les faillites longuement élaborée à la chambre des députés et à la chambre des pairs dès l'année 1834, et devenue la loi du 28 mai 1838 Cette loi, en ce qui a rapport à notre matière, n'a pas apporté de profondes modifications aux dispositions contenues au Code de 1808 : elle a voulu en somme faciliter la formation du Concordat, dans la pensée que la faillite aboutissant à ce résultat était pour les créanciers l'issue la moins mauvaise.

Cette loi a fait aussi cesser les incertitudes qui s'étaient manifestées dans la jurisprudence à propos des effets du Concordat vis-à-vis des créanciers et des conditions nécessaires pour l'annulation de ce traité.

Le bénéfice de cession de biens, dont le Code de 1808 ne refusait pas les avantages aux commerçants faillis, leur a été retiré par cette loi de 1838. Mais une loi postérieure, celle du 17 juillet 1856, tout en conservant l'article 541, où cette défense était nettement formulée, a apporté à ce même article une addition importante qui a eu pour effet de consacrer une convention intervenant assez fréquemment en cette matière et offrant quelque analogie avec la cession de biens réglementée au Code Napoléon : cette convention a été appelée Concordat par abandon.

Mentionnons simplement pour ordre un décret du 22 août 1848, abrogé le 12 novembre de l'année suivante. Ce décret avait été rendu pour soulager les nombreux commerçants que la crise de cette époque avait réduits à la cessation de paiements.

Le Code de 1808 avait apporté des changements notables dans l'ancienne jurisprudence régissant le Concordat. De nombreux abus nécessitaient une réforme, selon M. Fréville (voir Locré, tome XIX, page 576) « les mots *traité* et *concordat*, qui s'étaient introduits dans la langue des faillites, peignaient exactement la confiance d'un assiégé qui, sûr de ses moyens de défense, autorisé à mépriser les moyens d'attaque, imposait facilement la loi à des ennemis sans force. »

Dans l'ancienne législation, le Concordat était une transaction nécessitée par l'impuissance des créanciers; le Code au contraire fortifie la position de ces derniers. Grâce à la saisine de leur gage que la loi leur attribue, le Concordat changera de caractère, et constituera, de la part de la masse créancière, une véritable remise.

Le titre XI de l'ordonnance de 1673, demeuré en vigueur jusqu'en 1808, contenait quelques règles applicables aux Concordats. Il fallait alors pour sa formation une majorité des trois-quarts, se calculant uniquement sur le chiffre des sommes dues (art. 6). L'article 8 du même titre n'excluait pas de la délibération les créanciers privilégiés ou hypothécaires, tout en reconnaissant qu'ils ne seraient pas tenus d'entrer en aucune composition, remise ou atermoiement à cause des sommes pour lesquelles ils auraient privilége ou hypothèque. — Le Concordat devait aussi être homologué. Cependant il y eut des fluctuations sur le point de savoir quelle serait la juridiction appelée à donner son approbation; mais un arrêt de réglement rendu le 27 mars 1702 par le Parlement de Paris, retira cette attribution aux juges consuls pour la conférer aux tribunaux ordinaires : une déclaration du 30 juillet 1715 confirma cet arrêt, qui depuis continua d'être exécuté.

Pour le cas où les créanciers refusaient d'entrer en composition avec leur débiteur, ce dernier pouvait, en satisfaisant à certaines exigences réglementées par un édit rendu en août 1660, obtenir des *lettres de répi :* l'autorité légitime suppléa à la convention, disait-on. Ces lettres de répi émanant de l'autorité royale, ne libéraient pas d'ailleurs celui à qui elles étaient octroyées, elles n'avaient d'autre effet que de lui accorder un délai.

L'édit de 1609, rendu par Henri IV, contre les banqueroutiers frauduleux, défend aux créanciers, sous peine d'être déclarés déchus de leurs actions, « de faire aucuns accords, contrats ni » attermoiements aux banqueroutiers. »

Il est probable que le Concordat s'introduisit en France à l'exemple de la législation commerciale régissant les villes d'Italie, mais il serait difficile d'indiquer d'une manière précise l'époque de cette introduction. Peut-être est-ce aux faillis concordataires que se réfère le préambule de la déclaration du 10 octobre 1536. Il y est en effet question des abus résultant de ce que les débiteurs demeurent « quittes et déchargez de la totalité » desdites debtes, en payent quelque petite portion d'iceux, se » retirent ès églises, cimetières et autres lieux saincts, pour » cuider éviter l'emprisonnement de leurs personnes. »

Les villes d'Italie, où le droit commercial naissait et se développait parallèlement à l'active impulsion donnée à l'étude du Droit romain, ont probablement emprunté à celui-ci quelques dispositions.

Bien que les Romains n'aient pas eu de législation spéciale aux commerçants, on pouvait néanmoins s'emparer, pour en faire l'application au débiteur en faillite, d'une série de dispositions insérées au Digeste et ayant en vue un cas offrant avec la faillite quelque ressemblance : quand une personne décédait en état d'insolvabilité, l'usage s'était introduit à Rome de consentir en faveur de l'héritier, une remise de dettes moyennant quoi celui-ci prenait à sa charge l'hérédité. Pour arriver à ce pacte, les créanciers s'assemblaient et prenaient une décision à la majorité. La majorité se calculait eu égard au chiffre des créances ; en cas de partage la prépondérance appartenait à l'opinion représentée par le plus grand nombre de créanciers : si les deux opinions étaient égales en sommes et en nombre le Préteur intervenait pour faire triompher l'avis qui avait pour lui l'adhésion du créancier occupant la position sociale la plus éminente ;

enfin, si tous les créanciers étaient de même rang, le Préteur penchait en faveur de la décision la plus humaine, c'est-à-dire en faveur de la remise. Tout ceci avait été réglé par un rescrit de l'empereur Marc-Aurèle (LL. 8 et 9, D. *de pactis*, lib. 2, tit. 14). — Ainsi nous pouvons voir dans ce rapide aperçu de la loi romaine tous les éléments fondamentaux du Concordat : remise de dette, minorité subissant la loi de la majorité et intervention de la justice pour légitimer cette exception au droit commun.

CHAPITRE PREMIER.

DU CONCORDAT ARRÊTÉ ENTRE LE FAILLI ET SES CRÉANCIERS.
§ I. — *But du Concordat.*

Le Concordat est une convention intervenant entre un failli et ses créanciers qui a pour objet de modifier les droits de ces derniers, modification se présentant toujours avec un caractère favorable pour le débiteur.

En renonçant à une partie de leurs droits, les créanciers ne sont pas mus par un mobile uniquement désintéressé ; leur intérêt bien compris leur conseille au contraire ces concessions. En effet, s'ils usaient de toute la rigueur de leurs droits et poursuivaient sans trêve ni merci la réalisation des biens de leur débiteur, ils obtiendraient peut-être un dividende moins restreint, mais d'un autre côté ils devraient considérer comme presque nulle la valeur du reliquat de leurs créances. — Par un Concordat, au contraire, ils conviennent que le failli reprendra l'exercice de ses droits et l'exploitation de son commerce, de façon à ce qu'il puisse désormais se livrer tout entier à son industrie sans avoir à craindre qu'une saisie, en lui enlevant son capital, lui ôte par là même tout moyen de se relever.

§ II. — *Formalités préliminaires.*

Le Concordat doit être consenti librement et en connaissance de cause : il ne pourrait donc intervenir de prime-abord dès la déclaration de faillite, il faut que le travail des syndics ait mis au net la situation, de sorte que chacun pourra mesurer l'étendue des sacrifices que lui permet de consommer sa position respective.

L'article 504 veut qu'on agisse avec célérité. A cet effet, le juge commissaire provoque, par les soins du greffier, la réunion des créanciers : après que les créances sont vérifiées et affirmées, les créanciers sont convoqués, tant par lettres à eux adressées individuellement que par insertions dans les journaux, à l'effet de délibérer sur la formation du Concordat. Les lettres et insertions doivent d'ailleurs indiquer l'objet de la réunion.

La loi ne mentionne pas dans quels journaux se feront les insertions ; mais il est reconnu qu'elle se réfère à l'article 442 du Code de commerce en ce qui concerne le mode de publicité.

Ce ne sont pas seulement les créanciers vérifiés et affirmés qu'on appellera à délibérer sur le Concordat : devront encore être convoqués les titulaires de créances admises par provision conformément à l'article 499. En vertu de cet article, afin de ne pas retarder les opérations et selon les circonstances, le tribunal permet aux créanciers dont les titres sont contestés de prendre provisoirement part aux opérations ultérieures de la faillite et jusqu'à ce qu'il soit statué définitivement sur le fonds du procès.

Le créancier admis par provision n'en est pas moins tenu d'affirmer entre les mains du juge commissaire la sincérité de ses droits. Bien qu'il soit certain que sa déclaration sera affirmative, il n'y a cependant pas de raison pour regarder comme superflu ce surcroît de garantie. La bonne foi d'un créancier dont les prétentions sont contestées est bien loin de présenter, grâce à cette circonstance, un caractère plus manifeste.

Dans ce même cas où un débat est engagé relativement à l'admission d'une créance au passif de la faillite, le tribunal peut encore ordonner qu'il soit sursis à la convocation de l'assemblée.

Aux lieu, jour et heure fixés par le juge commissaire, l'assemblée se forme sous sa présidence. Les créanciers peuvent s'y faire représenter par mandataires ; mais le failli est tenu de comparaître en personne : on a pensé que les explications à fournir sur ses propositions seraient mieux appréciées étant exposées par lui plutôt que par tout autre. Néanmoins, si le fail'i ne pouvait se rendre à l'assemblée, s'il était à craindre que sa présence donnât lieu à des récriminations nuisibles au résultat de la délibération, le juge commissaire, appréciant la valeur de ces motifs, pourrait autoriser le failli à se faire représenter.

Dans tous les cas, le failli a le droit de se faire assister d'un conseil : la loi ne lui refuse nullement cette faculté de droit commun.

Le Code n'ayant pas indiqué un mode particulier de convocation applicable au failli, il faut observer à son égard les règles ordinaires : on l'appellera par conséquent par une notification adressée par ministère d'huissier.

Sur cette notification, le failli est obligé de comparaître, alors même qu'il serait dans l'intention de ne pas concorder, sauf à déclarer à l'assemblée que telle est sa volonté. S'il refusait de se présenter sans empêchement légitime, il pourrait être déclaré banqueroutier simple (586).

La séance ouverte, les syndics font à l'assemblée un rapport sur l'état de la faillite, sur les formalités qui auront été remplies et les opérations qui auront eu lieu. Depuis leur nomination, les syndics ont eu les livres à leur disposition, ils ont assisté à l'inventaire, un compte sommaire de l'état apparent de la faillite a été, par eux, adressé au Procureur impérial par l'intermédiaire du juge commissaire, aussi sont-ils à même de fournir des renseignements exacts sur la situation actuelle du patrimoine qu'ils administrent, sur les causes qui ont amené cet état de choses, et sur les caractères qu'il présente. Il est bien évident que ces explications exerceront, sur le résultat de la délibération, une sérieuse influence, et que les créanciers, selon que leur débiteur leur paraîtra ou malheureux, ou incapable, ou dissipateur, prendront un parti en conséquence.

Le travail que l'article 500 exige des syndics doit être remis signé d'eux au juge commissaire. Ce magistrat aura plus tard, en cas que le Concordat vienne à être conclu, un rapport à présenter au tribunal ; il faut donc qu'il ait entre les mains tous les documents qui lui permettent d'éclairer l'opinion de ses collègues.

§ III. — *De ceux entre qui intervient le Concordat.*

Le Concordat doit intervenir entre le failli d'une part et la masse de ses créanciers, d'autre part.

Il n'est pas nécessaire que tous les créanciers donnent leur consentement ; mais pour que la convention se noue une double condition est nécessaire : il faut d'abord le concours d'un nombre de créanciers formant la majorité, c'est-à-dire la moitié des voix, plus une ; cette majorité doit, en outre, représenter les trois-quarts de la totalité des créances vérifiées et affirmées ou admises par provision. L'ordonnance de 1673 calculait uniquement la majorité d'après le chiffre des créances, et le projet du Code présenté en 1807 reproduisait cette donnée, mais le Tribunat repoussait ce mode de calcul et faisait observer que les créanciers les plus considérables d'un failli sont toujours les négociants avec lesquels il fait des affaires. Or, ceux-ci se prêtent volontiers à un Concordat parce qu'ils espèrent se remplir de leurs pertes dans les relations subséquentes qu'un commerce ultérieur leur donnera l'occasion de se ménager avec le failli. Tandis que les petits capitalistes, souvent nombreux, se voient enlever une partie, relativement importante, de leur fortune, sans avoir pour recouvrer leurs pertes les mêmes ressources que ceux qui leur imposent ce sacrifice. — Ces considérations firent admettre la nouvelle rédaction de l'article 507, que la loi de 1838 conserva intacte.

Mais quelques difficultés se présentent à propos de cette double majorité :

Si un créancier devenait, même depuis la déclaration de faillite, cessionnaire de différentes créances contre le failli, il ne pourrait cependant exiger que, dans la composition de la majorité en nombre nécessaire pour le concordat, on lui comptât autant de voix qu'il a acquis de créances : il n'aurait droit qu'à une seule voix. Et cette solution, donnée par la Cour de cassation, est une conséquence des principes. Puisque la loi a jugé à propos d'amoindrir les droits des forts créanciers, comparativement aux droits de ceux qui sont créanciers de sommes plus faibles, il faut considérer comme illégale toute combinaison qui tendrait à éluder les prescriptions de la loi. Supposons, dans une faillite, Primus créancier de 10,000 fr., Secundus et Tertius, créanciers de 1,000 fr. chacun. Si Primus se rendait cessionnaire de la créance de Secundus et disposait par ce fait de deux voix pour le Concordat, il serait maître de la situation ; car lui seul formerait la majorité et représenterait plus des trois-quarts de la totalité des créances. Or, Tertius a évidemment intérêt à ce qu'il en soit autrement : si la cession s'était opérée dès avant la déclaration de faillite, Primus n'ayant qu'une voix aurait vu son droit contrebalancé par le droit de Tertius. On ne saurait donc admettre qu'il dépende du fait de Primus de changer, au détriment des tiers, les conditions dans lesquelles la loi l'a placé. — En vain, objecterait-on que dans notre espèce Tertius est mal fondé à se plaindre parce que Secundus en votant dans le même sens que Primus, amènerait précisément le même résultat produit par le double vote de Primus. — A ceci Tertius répliquerait qu'il est beaucoup plus probable que le vote de Secundus aurait été conforme au sien, en raison du même intérêt qui les unit dans une situation identique vis-à-vis du débiteur.

Que faudrait-il décider si l'un des créanciers mourait depuis la déclaration de faillite en laissant sa créance fractionnée entre plusieurs héritiers ? Chacun des héritiers aura-t-il une voix au vote du concordat, ou bien n'auront-ils droit tous ensemble qu'à une voix ? — Il faut ici décider que chaque héritier participera au vote du Concordat avec une voix toute entière.

En sens inverse, si un créancier venait à décéder laissant pour héritier un autre créancier de la faillite, ce dernier compterait seulement pour une tête ; à supposer toutefois que la succession n'ait pas été acceptée sous bénéfice d'inventaire.

En un mot, pour apprécier la quantité des créanciers et le chiffre des créances, c'est au moment du vote qu'il faut se placer.

On s'est demandé si, pour la formation du Concordat, l'article 507 exigeait la majorité en nombre des créanciers présents à la délibération, ou bien s'il fallait calculer la majorité sur la totalité des créanciers vérifiés, tant absents que présents. — Sur cette question, deux systèmes sont en présence. Dans l'un on se contente de la majorité des créanciers présents à la délibération et on se fonde sur l'ancien article 522, antérieur à la loi de 1838, lequel était formellement conçu en ce sens : or, dans la discussion de la nouvelle loi, rien ne dénote que le législateur ait entendu apporter une innovation à ce sujet ; — On invoque encore les termes de l'article 507 actuel : « il ne pourra, dit cet » article, être consenti de traité entre les créanciers *délibérants* » et le débiteur failli...... » et on prétend que parler des créanciers *délibérants*, c'est parler des créanciers *présents ;* — Il ne faut pas d'ailleurs se préoccuper trop vivement des abus qui pourraient se produire s'il était donné à un nombre restreint de créanciers de décider en maîtres absolus des droits des absents : si le juge commissaire estime que l'assemblée est en nombre insuffisant, il la prorogera, et puis, n'y a t-il pas, en fin de compte, une garantie sérieuse dans l'homologation du Tribunal ? ....

Le système contraire, auquel nous nous rangeons, prétend que la majorité doit se calculer sur la totalité des créanciers. Ce système fait valoir les termes absolus de l'article 507, ainsi conçu : « ... Ce traité ne s'établira que par le concours d'un

» nombre de créanciers formant la majorité et représentant en
» outre les trois-quarts de la totalité des créances vérifiées et
» affirmées... » Comme on le voit, cette phrase n'établit aucune distinction entre les créanciers; et s'il avait été dans l'intention des rédacteurs de la loi de se référer aux créanciers
présents, il était bien facile de le faire en maintenant les termes
de l'ancien article 522.

D'ailleurs, le législateur de 1807 avait donné matière à critique en édictant une différence sur le mode de calculer : en
effet, s'agissait-il de compter la majorité des sommes, on le faisait en tenant compte de toutes les créances vérifiées et affirmées; s'agissait-il de compter les votants, la majorité s'obtenait
en prenant la moitié plus un de ceux qui avaient assisté à la
délibération. Cette manière de compter est illogique, car si l'on
admet une créance à la délibération, il semble qu'il faille en
conséquence y admettre aussi le créancier. On part du reste de
ce principe pour l'application de l'article 508. Ce texte défend
de compter les créances hypothécaires pour déterminer la majorité en somme; dès lors on ne fait aucune difficulté pour admettre que le créancier hypothécaire ne compte pas non plus
pour la fixation de la majorité en nombre. Si donc toutes les
créances vérifiées ou admises entrent en compte pour la majorité en somme, il est rationnel de décider que les maîtres de ces
créances doivent aussi compter pour la formation de la majorité
en nombre.

D'ailleurs, lorsque le législateur de 1838 a voulu que la
majorité des créanciers présents fût prise en considération, il
l'a formellement exprimé, — par exemple dans l'article 530, où
il est question de secours à accorder au failli sur l'actif de la
faillite.

Enfin, dans l'article 532 qui prévoit le mandat donné aux
syndics par la masse créancière de continuer l'exploitation de
l'actif du failli, la délibération relative à cet objet ne peut être
prise qu'à la majorité des trois-quarts des créanciers en nombre
et en somme, et il a toujours été entendu que cette double

majorité des trois-quarts doit se baser sur la totalité des créances et des créanciers.

Ainsi donc, pour que le concordat soit valablement conclu, il faut qu'à la proposition du failli réponde l'adhésion de la moitié plus un des créanciers admis au passif (sauf les exceptions que nous rencontrerons par la suite), et que cette majorité de créanciers représente les trois-quarts du montant de toutes les créances.

Mais faut-il considérer les absents comme adhérant au concordat ? — Non certainement; à défaut d'un mandat explicite de leur part, il est bien évident que personne n'a qualité pour restreindre leurs droits, et puisque la loi ne confère ce mandat à qui que ce soit, les principes généraux du droit conservent leur empire.

Il est toute une catégorie de créanciers auxquels la loi refuse, et cela avec juste raison, le droit de voter au concordat : ce sont ceux qu'énumère l'article 508, à savoir, les créanciers hypothécaires ou privilégiés ou nantis d'un gage. Ces créanciers, s'il est permis de s'exprimer ainsi, n'ont point le failli pour débiteur, mais c'est la chose sur laquelle ils ont un droit réel de préférence qui répond de la dette. Si donc il arrive que dans une faillite d'autres créanciers soient dans le cas de subir une perte, ceux qui sont garantis par des sûretés réelles doivent être considérés comme à peu près étrangers à la faillite et par suite le vote qu'ils émettraient au Concordat n'aurait aucune signification.

Si un créancier avait une créance privilégiée et une autre créance chirographaire, il pourrait assister à la délibération en raison de cette dernière : car jusqu'à concurrence du chiffre de la dette chirographaire, le concordat a pour lui le même intérêt que pour tout autre, et on ne pourrait produire de motifs valables pour justifier son exclusion. Au surplus l'article 508 semble bien avoir été rédigé dans ce sens : « les créanciers hypothé-
» caires, y est-il dit, n'auront pas voix dans les opérations
» relatives au concordat pour *lesdites créances.* »

Par voie de conséquence, on serait peut-être porté à donner une même solution pour le cas où l'un des créanciers dont s'occupe l'article 508 renonçait pour partie de la somme à lui due aux sûretés particulières qui forment sa garantie. Mais nous croyons qu'il faut s'armer du silence de la loi sur cette hypothèse pour prononcer l'exclusion de ce créancier. Autrement il arriverait qu'en consentant à devenir créancier chirographaire pour une quotité dérisoire on pourrait de cette façon voter au concordat et quelquefois déplacer la majorité.

Il serait pourtant équitable d'apporter un tempérament à cette doctrine quand il apparaîtrait clairement que la renonciation aux privilèges et hypothèques ne serait point faite dans l'intention de fausser la majorité , si par exemple un droit de gage ou d'hypothèque avait été conféré sur une chose dont la valeur n'atteindrait pas la moitié ou les trois-quarts de la somme pour sûreté de laquelle elle aurait été affectée. Quant au point de savoir si, grâce à cette renonciation partielle, on acquiert le droit de prendre part au vote, ce serait une question d'appréciation qui serait résulue par les tribunaux.

Si la renonciation était complète, le droit au vote serait acquis : la loi est formelle à ce sujet.

Le dernier alinéa de l'article 508 décide que si un créancier hypothécaire , privilégié ou nanti d'un gage vote au concordat, ce vote emporte de plein droit renonciation à son hypothèque ou à son privilège. — Cette disposition frappe-t-elle celui qui aurait ignoré les conséquences que le Code attache à ce vote ? — La négative nous semble seule admissible ; notre article doit être entendu comme une règle d'interprétation de la volonté. En effet, il est de règle dans notre droit que les conventions se forment par le libre consentement des parties contractantes. Or s'il faut admettre que l'erreur de droit comme l'erreur de fait est une cause d'annulation des contrats relative à la partie qui a été sujette à cette erreur, pourquoi n'en serait-il pas de même en matière de concordat. Le concordat étant une convention doit être soumis aux conditions nécessaires à la validité des contrats. Du reste, si l'on décidait autrement, la déchéance qui frapperait le créancier victime de l'erreur aurait pour effet immédiat d'enrichir la masse, qui se trouverait ainsi réaliser un bénéfice sans bourse délier là où un créancier essuierait une perte grave : or c'est là un résultat qui répugne à l'équité. Quant au principe que nul n'est censé ignorer la loi, il ne s'applique que lorsqu'un intérêt public est en jeu, et dans notre espèce il s'agit uniquement d'intérêts privés.

Notons néanmoins que le créancier dont le privilége ou l'hypothèque seulement serait contestée doit être admis dans les délibérations de la faillite comme créancier ordinaire (501).

Faut-il, en suppléant au silence de la loi, écarter de la délibération les créanciers qui ont un droit d'antichrèse, ou bien faut-il appliquer textuellement l'article 508, qui ne prononce pas cette exclusion ? — Pour ceux qui n'admettent pas la réalité de l'antichrèse, il est bien certain que l'avantage procuré par cette garantie accessoire perd beaucoup de son importance et ne suffit pas pour rendre le créancier indifférent aux opérations de la faillite ; par conséquent, les auteurs qui embrassent cette opinion ne voient pas de raison suffisante qui justifierait l'extension donnée au texte de l'article 508. Au contraire, ceux, en grand nombre d'ailleurs, qui attribuent un caractère réel au droit d'antichrèse, ont de sérieux motifs de doute. D'une part, il répugne toujours de prononcer une déchéance que, dans le silence de la loi, on est tenté de qualifier arbitraire. D'autre part, si l'on considère que le droit d'antichrèse met celui qui en est investi dans une position équivalente à celle des créanciers privilégiés hypothécaires ou gagistes, il paraît dès lors raisonnable de lui appliquer les mêmes règles qui régissent ces derniers. Et cette considération paraît bien, en fin de compte, devoir dicter la réponse à la question dont il s'agit. On peut du reste, jusqu'à un certain point, expliquer le silence de la loi à l'égard de l'antichrèse par l'application assez rare que reçoit ce contrat dans la pratique. Et puis est-il bien certain que le législateur, en parlant des créanciers nantis d'un gage, n'ait pas entendu ce dernier mot dans l'acception plus large qu'on lui donne communément? Si donc les arguments de texte font défaut à cette interprétation, elle a du moins pour elle la raison et l'équité dont l'influence doit surtout se faire sentir en matière commerciale.

Le plus souvent il arrivera que l'immeuble affecté par hypothèque sera dans les mains du failli, mais faudra-t-il décider de même quand l'immeuble appartenant à un tiers aura été hypothéqué par lui pour sûreté des obligations du failli? — Bien que des auteurs et des arrêts aient répondu négativement à cette question, nous pensons que les mêmes motifs existent pour refuser dans l'un et l'autre cas le droit de voter au créancier hypothécaire. D'abord nous ne voyons aucune distinction de ce genre consacrée dans les textes; et ensuite qu'importe pour le créancier en quelles mains se trouve l'immeuble grevé? Quand il y aura lieu à expropriation, peut-être verra-t-on alors quelques légères différences présentant plus d'affinité avec la procédure qu'avec le fond du droit, mais en définitive elles seront d'une importance très-secondaire. — Dans l'opinion contraire on ne veut pas étendre une exclusion qui ne résulte pas forcément d'un texte de loi; — mais si on envisage la masse créancière, n'est-ce donc point faire bon marché de ses droits que de souffrir qu'un créancier qui n'a rien à craindre lui impose des sacrifices auxquels il restera étranger?

Quant aux créanciers qui sont garantis par des cautions ou des engagements solidaires, on leur reconnaît sans aucune difficulté le droit de voter au concordat. A vrai dire, il leur en coûtera fort peu de chose assez souvent d'accorder des remises à leur débiteur, puisque le concordat ne fait pas obstacle à ce qu'ils poursuivent la caution. Les rédacteurs du Code ont sans doute pensé qu'une garantie personnelle n'équivaut pas à une garantie réelle, car la dette, bien que cautionnée, ne doit pas être considérée comme si le recouvrement en était effectué : le jugement déclaratif de faillite a bien eu pour effet de rendre exigibles, à l'égard du failli, ses dettes passives non échues, mais à l'égard de la caution le bénéfice du terme lui est toujours acquis, et jusqu'au paiement, les risques de son insolvabilité éventuelle continuent de peser sur l'obligation qu'elle a cautionnée.

Il pourrait néanmoins dépendre de la caution d'exclure le créancier de la délibération relative à la formation du concordat, et cela en le désintéressant complètement : ce dernier se trouverait désormais étranger à la faillite, et la caution puiserait dans ce paiement le droit d'y figurer personnellement. Mais bien que l'article 2032 du Code Napoléon lui ménage, même avant d'avoir payé, la faculté de recourir en indemnité contre le débiteur en faillite, il ne s'ensuit pas que la caution puisse concourir avec le créancier, pas plus dans la répartition des dividendes que lors de la délibération du Concordat : ceci n'est qu'une application de cette idée que dans une dette cautionnée il y a unité d'obligation. C'est seulement quand le créancier néglige de prendre part aux opérations de la faillite que la caution peut y intervenir.

Les créanciers conditionnels doivent-ils faire partie de l'assemblée et faut-il tenir compte du montant de leurs créances ? — Si la condition qui tenait en suspens l'existence de ces créances vient à se réaliser, il est bien certain que le concordat leur sera applicable; il est donc naturel que le créancier conditionnel prenne part au concordat. Mais pourtant si la condition vient à défaillir, on ne peut se décider à faire réagir ce cas fortuit sur la délibération. Pour sortir d'embarras, il n'existe point d'autre moyen que d'appliquer par voie d'analogie, à notre hypothèse, les articles 499 et 500 du Code de commerce. Ces articles supposent que lors de la vérification une créance a été contestée et que le juge commissaire a renvoyé les parties se pourvoir devant le tribunal. Pendant l'instruction de l'instance, les formalités préalables au vote du concordat ont été remplies et on est en mesure de procéder à cette dernière opération. Dans ce cas les juges peuvent ordonner, selon les circonstances, qu'il sera sursis ou passé outre à la convocation de l'assemblée pour la formation du concordat. Si le tribunal s'arrête à ce second parti, il pourra décider par provision que le créancier contesté, sera admis dans les délibérations pour une somme qui sera déterminée par le même jugement. Or, quant au point qui nous occupe, il y a la plus grande ressemblance entre la créance litigieuse et la créance conditionnelle, pourquoi donc ne pas admettre pour celle-ci ce qui est prévu pour la première.

Quand la délibération est terminée, le juge commissaire procède à l'appel des noms et reçoit les votes.

La délibération peut avoir trois résultats :

1° Les deux majorités en nombre et en sommes se rencontrent pour adhérer au concordat qui se trouve alors formé. D'après l'article 509, il doit être signé séance tenante, à peine de nullité. Cette disposition rigoureuse a été insérée en vue de prévenir des fraudes réprimées par l'article 597. Aux termes de ce dernier article, le créancier qui a stipulé des avantages particuliers à raison de son vote dans les délibérations de la faillite, est passible de peines correctionnelles. De plus, ces conventions sont déclarées nulles à l'égard de toutes personnes, même à l'égard du failli, et les avantages frauduleusement obtenus doivent être rapportés à qui de droit. On comprend que si des signatures nécessaires au concordat pouvaient être recueillies isolément, les créanciers seraient en butte à des obsessions, à des tentatives de corruption, qui bien souvent ne seraient pas infructueuses. C'est pour le même motif qu'il n'est pas permis de proroger l'assemblée : la loi s'est défiée des manœuvres qui pourraient être employées pendant l'intervalle des séances, pour influencer les résolutions.

2° Si l'une des deux majorités seulement a été obtenue, le cas a été prévu : la délibération sera remise à huitaine pour tout délai. Les résolutions qui auront été prises et les adhésions qui auront été données lors de la première assemblée, demeureront sans effet ; chacun reprendra sa liberté intacte, mais si à la seconde délibération la double majorité n'est pas obtenue,

tout sera irrévocablement consommé et une nouvelle proroga-
tion sera impossible.

3° Si aucune majorité n'a été obtenue le concordat est impossible et les créanciers se trouvent en état d'union.

La loi considère, et à juste titre, que le concordat est une
faveur pour le failli, bien que les créanciers puissent y trouver
leur avantage. Aussi le législateur a-t-il cru devoir apporter
quelques restrictions à l'exercice de cette faculté. C'est ainsi que
lorsqu'une déclaration de banqueroute frauduleuse a été prononcée, le Concordat est rendu impossible : le négociant qui a
été convaincu de manœuvres déloyales dans la gestion de son
commerce, doit inspirer de sérieuses défiances pour l'avenir.
Que ceux de ses créanciers qui ont foi aux engagements du
banqueroutier frauduleux fassent avec lui telles conventions que
leur intérêt leur suggèrera : ils le peuvent ; mais ces conventions
n'auront pas la vertu de s'imposer à d'autres que ceux qui
auront donné leur acquiescement : ce ne sera pas un concordat.

Lorsqu'une instruction en banqueroute frauduleuse aura été
commencée, les créanciers seront convoqués à l'effet de décider
s'ils se réservent de délibérer sur un concordat en cas d'acquittement, et si en conséquence ils sursoient à statuer jusqu'après
l'issue des poursuites. — De vives critiques se sont produites à
ce sujet contre notre art. 510 : c'est, a-t-on dit, faire bon marché
de la présomption d'innocence qui couvre tout accusé, que
d'exiger pour l'obtention du sursis la double majorité en nombre
et en sommes indispensable à la formation du concordat lui-
même. N'est-ce pas anéantir toutes les espérances du failli, dont
la bonne foi peut-être apparaîtra plus tard, que de le mettre dès
maintenant en présence de créanciers naturellement peu dis-
posés à entrer en composition et pour qui le soupçon devient
vite une réalité ? — Ces critiques ne sont pas dénuées de fondement, mais, il faut en convenir, elles s'adressent bien plutôt à
nos mœurs qu'à la loi elle-même.

Les rigueurs de la loi ne s'étendent pas au banqueroutier

simple : puisqu'il est possible à ce dernier d'arriver à la réhabilitation, on ne pouvait, sans inconséquence, lui refuser la faculté d'obtenir un concordat. Néanmoins, comme le concordat doit être voté en pleine connaissance des faits touchant la faillite et que le jugement qui prononce les peines de la banqueroute simple est de nature à éclairer l'opinion des créanciers, l'article 511 décide qu'en cas de poursuites commencées les créanciers pourront surseoir à la délibération jusqu'après l'issue des poursuites, en se conformant aux dispositions de l'art. 510.

CHAPITRE II.

DE L'HOMOLOGATION DU CONCORDAT.

Le concordat ayant pour effet d'obliger tous les créanciers sans distinction, ceux qui l'ont accepté comme ceux qui l'ont repoussé, il ne faut pas s'étonner que le législateur fasse intervenir le tribunal pour sanctionner ce traité : l'intérêt de la majorité des créanciers n'est pas seul en jeu ; un autre intérêt le domine, celui de l'ordre social, de la loi, de la justice, de la morale publique ; la justice doit veiller à ce que la majorité des créanciers n'opprime pas la minorité.

L'approbation donnée par le tribunal de commerce s'appelle homologation

Cette homologation sera poursuivie à la requête de la partie la plus diligente ; cependant le tribunal ne peut statuer avant l'expiration d'un délai de huitaine qui suit la signature du traité. Ces huit jours sont donnés afin de laisser le temps aux parties intéressées de faire valoir par une opposition leur contredit aux conclusions tendant à l'homologation.

Sont habiles à former opposition, tous les créanciers ayant eu droit de concourir au concordat, ou dont les droits auront été reconnus depuis.

On a discuté le point de savoir si ce droit d'opposition devait être reconnu à celui qui a donné son adhésion au concordat. —

Cette question doit être résolue affirmativement. En effet, s'agit-il dans notre cas d'autoriser un créancier à retirer un engagement par lui librement consenti ? — Nullement. L'opposition a tout simplement pour but de renseigner le tribunal sur l'acte qu'il est appelé à apprécier : or, à moins de considérer l'homologation comme une vaine formalité, on aurait assez mauvaise grâce à méconnaître l'obligation où sont les juges d'éclairer leur religion par tous les moyens propres à dégager la vérité. Peu importe dès-lors que le créancier opposant ait connu avant ou après son vote les motifs qui selon lui sont de nature à faire obstacle à l'homologation. Encore une fois, ce n'est pas l'opposition qui infirme le concordat ; ce droit est dans les attributions du tribunal qui, s'il y a lieu, fait siens les motifs d'abord allégués par l'opposant.

Les créanciers hypothécaires, privilégiés ou gagistes que nous avons vus étrangers au concordat n'ont pas plus le droit de se porter opposants qu'ils n'avaient droit au vote.

Les syndics, en leur qualité, ne sont pas non plus recevables à former opposition. L'article 512 en conférant le droit d'opposition aux créanciers, exclut implicitement toutes autres personnes ; d'ailleurs, si pour ce point les créanciers rentrent dans l'exercice de leurs actions individuelles, les syndics sont donc de plein droit dépouillés du mandat dont ils étaient investis à l'effet de représenter la masse des créanciers. Le troisième alinéa de cet article 512 suppose bien qu'un syndic se rend opposant, auquel cas il lui est enjoint de provoquer la nomination d'un nouveau syndic ; mais il faut admettre que les fonctions de syndic avaient été confiées à l'un des créanciers, lequel a formé opposition en cette même qualité de créancier.

L'opposition devant être notifiée aux syndics, ils seront donc les représentants du failli dans l'instance provoquée par l'opposant, sauf au tribunal à recevoir le failli partie intervenante, usant en cela du pouvoir que lui reconnaît le dernier alinéa de l'article 443.

L'opposition est assujettie à différentes règles : ainsi elle doit être motivée et signifiée aux syndics et au failli, à peine de nullité, dans les huit jours qui suivent la signature du concordat. Quant aux motifs qui serviront de fondement à l'opposition, la loi n'a pu les préciser d'avance : ils varient selon les circonstances. Ainsi, elle peut être fondée sur l'inobservation des règles prescrites pour la formation du concordat; on aura, par exemple, violé les prescriptions de la loi relative soit à la convocation des créanciers, soit au calcul des voix; ou bien encore on se fondera sur ce que des avantages particuliers auront été concédés au préjudice de la masse à un ou plusieurs créanciers; ou enfin on offrira de prouver que le failli a dissimulé une partie de son actif : les juges apprécieront.

Si le jugement de l'opposition est subordonné à la solution de questions étrangères à raison de la matière à la compétence du tribunal de commerce, ce tribunal sursoira à prononcer jusqu'après la décision de ces questions : une pièce arguée de faux peut, par exemple, être soumise à l'examen des tribunaux civils ou criminels. Si ces questions ne sont pas encore portées devant les tribunaux compétents lors de l'opposition introduite, le tribunal consulaire impartira un bref délai dans lequel le créancier opposant devra saisir telle juridiction qu'il appartiendra et justifier de ses diligences.

L'article 513 veut qu'il soit prononcé par un seul et même jugement sur les oppositions qui ont pu se produire et sur l'homologation. Cette exigence du législateur a été inspirée en vue d'éviter les frais et les lenteurs résultant d'un double jugement. L'ancien article 524 du Code de 1807, sans toutefois défendre qu'il fût statué et en même temps sur le mérite de l'opposition et sur l'approbation du traité, contenait la disposition suivante : « Le traité sera homologué dans la huitaine » du jugement sur les oppositions; » il n'y avait pas comme on le voit une règle spéciale au cas d'une demande à fin d'homologation adressée pendant le délai de huitaine réservé pour former opposition.

Lorsque des motifs tirés soit de l'intérêt public, soit de l'intérêt des créanciers, paraîtront de nature à empêcher le concordat,
le tribunal refusera son homologation, car il est armé à cet
égard d'un pouvoir discrétionnaire. Le Code de 1807 limitait sur
ce point les pouvoirs du juge : d'après l'ancien article 526, le
tribunal de commerce pouvait, pour cause d'inconduite ou de
fraude, refuser l'homologation du Concordat; l'intérêt public
seul était pris en considération quand il s'agissait de maintenir
ou de rompre le traité intervenu entre le failli et ses créanciers.
La loi de 1838 a étendu la latitude d'appréciation des magistrats
dont la protection s'étend aussi maintenant aux intérêts privés.
En présence de l'indifférence des créanciers, avertis des fraudes
auxquelles donnait lieu la stipulation d'avantages particuliers,
fraudes qu'il est d'ailleurs bien difficile d'atteindre, voulant aussi
donner quelque garantie aux créanciers domiciliés à l'étranger,
en l'absence desquels les opérations de la faillite suivent leur
cours, les législateurs de 1838 ont pensé remédier à cet état de
choses en faisant une part plus large aux tribunaux relativement
à la sanction qu'ils sont appelés à donner aux traités dont nous
nous occupons.

Sans méconnaître l'importance de l'innovation introduite sous
ce rapport au Code de 1807, des jurisconsultes ont regretté que
le législateur de 1838 n'ait pas marché plus résolûment dans la
voie où il s'engageait. Ces auteurs voudraient qu'un pas décisif
fût encore fait, que le tribunal fût seul maître de décider s'il
convient ou non d'accorder un concordat au failli, et représentât
seul les intérêts de la masse créancière pour déclarer acceptables
ou non les propositions du failli. Afin de mieux apprécier la valeur
de ces critiques faites à la loi actuelle, il n'est pas hors de propos
de se faire une idée exacte sur la nature de l'homologation que
le tribunal est appelé à donner. Or, voici à ce sujet les considérations de Pothier. A propos du principe que nous ne pouvons
obliger autrui sans sa volonté, Pothier vient à parler de l'atermoiement, et s'exprime ainsi : « Ceci n'est pourtant pas proprement une exception à notre principe: car ce n'est pas la conven-

tion faite avec les trois-quarts des créanciers qui oblige *per se*, par elle-même et par sa propre vertu, les autres créanciers qui n'ont pas été parties, à faire les remises qui y sont portées : cette convention ne sert qu'à faire connaître aux juges qu'il est de l'intérêt commun des créanciers que cette convention soit exécutée par tous les créanciers....., et comme il n'est pas juste que la rigueur de quelques créanciers nuise à l'intérêt commun, le juge les condamne à accéder à la convention et à accorder au débiteur les remises et les termes qui y sont portés.»

Ainsi, Pothier regarde seulement comme un avis préparatoire la décision prise par l'assemblée des créanciers et transporte au tribunal le droit de statuer seul sur l'atermoiement proposé. Cette façon d'envisager le concordat n'a aucune conséquence pratique, je le veux bien; mais la question n'en dégénère pas pour cela en question de mots, elle conserve toute l'importance d'une théorie

Le rôle des tribunaux ainsi envisagé, n'est-on pas plus disposé à voir élargir le cercle des attributions qui leur sont conférées? En demandant que le tribunal ne soit plus lié par la délibération des créanciers, on éprouve au premier abord quelque hésitation à adopter une mesure dont l'effet immédiat sera d'apporter une restriction de plus à la liberté des conventions; restrictions qui s'effacent insensiblement sous l'effort continu des tendances favorables à la liberté des transactions. Mais comme l'idée de concordat implique l'idée d'une contrainte, d'un arrangement imposé à des créanciers qui n'en veulent pas, ce n'est pas ce semble se montrer hostile à ces tendances que vouloir remplacer une autorité formée par le hasard, souvent passionnée, en butte à des tentatives de corruption, par des magistrats impartiaux et désintéressés dont la décision offrira toute garantie.

Le tribunal n'a pas le droit de poursuivre d'office l'homologation. Outre que les textes ne mentionnent nullement une pareille attribution, qui ferait d'ailleurs exception au rôle confié à la Justice, la discussion à laquelle a donné lieu le projet de loi montre clairement que ses auteurs n'entendaient pas consacrer une semblable dérogation.

Remarquons aussi que le tribunal n'a pas à s'immiscer dans les conventions des parties : donner l'homologation ou la refuser, telle est l'alternative qui lui est laissée ; il ne peut imposer aucun amendement.

Dans tous les cas le juge-commissaire doit faire au tribunal un rapport sur les caractères de la faillite et sur l'admissibilité au concordat. Ce magistrat a pris une part active à toutes les opérations de la faillite ; notamment, quand il s'est agi de délibérer sur le concordat, il a présidé l'assemblée des créanciers, dressé procès-verbal de tout ce qui a été dit et décidé à l'assemblée ; c'est à lui que les syndics ont remis leur rapport : les observations du juge commissaire empêcheront donc qu'aucune surprise ne soit faite à la religion des juges appelés à prononcer sur l'homologation.

On reconnaît en jurisprudence qu'il est indispensable pour la validité du jugement d'homologation, que le rapport du juge commissaire ait eu lieu. Mais on admet aussi que la production de ce rapport n'est plus obligatoire devant les juridictions d'appel.

Mais qu'arrivera-t-il si le tribunal refuse d'homologuer ? Quelles seront les conséquences de ce refus ? Sera-t-il encore possible de tenter un nouvel essai d'arrangement, ou bien les créanciers seront-ils de plein droit en état d'union ?

Dans un premier système on affirme que les créanciers seront forcément en état d'union : en effet, le législateur semble avoir voulu que le concordat fût décidé rapidement ; c'est une faveur faite au failli, mais on semble craindre que des abus se produisent. La preuve en est dans les dispositions rigoureuses de la loi que nous avons pu déjà constater : le concordat, à peine de nullité, doit être signé séance tenante ; si les deux majorités en nombre et en sommes font défaut, toute entente ultérieure est impossible ; si seulement l'une de ces majorités est acquise, la délibération est remise à huitaine pour tout délai. Voyons encore comment est conçu l'article 529 : « S'il n'intervient pas de

» concordat, les créanciers seront de plein droit en état d'u-
» nion » ; ces termes sont absolus. D'ailleurs, s'il était permis
de renouveler des tentatives de concordat, où s'arrêteraient-
elles ?

Dans un autre système on fait une distinction : si le refus
d'homologation se base sur des motifs tirés de l'ordre public,
tout nouvel accommodement est impossible ; mais si le concordat est rejeté par suite de l'inobservation (résultant quelquefois
d'une erreur) des formalités requises, ou encore par suite du
chiffre trop restreint des dividendes promis, dans ces cas pourquoi serait-on fatalement sous le régime de l'union ? S'appuyer
sur l'article 529, comme le fait l'opinion contraire, c'est faire
une pétition de principes : la question est précisément de savoir
s'il n'interviendra pas de concordat. D'ailleurs l'idée dominante
traduite par cet article, semble être celle-ci : « il n'y a point
» d'autre alternative dans une faillite que le concordat ou
» l'union ». Ce texte ne fait donc pas obstacle à l'opinion que
professent les partisans de ce second système. — Et puis n'y
aurait-il pas inconséquence à se montrer plus sévère pour un
concordat non homologué que pour un concordat annulé,
puisque dans ce dernier cas un nouvel arrangement est encore
possible.

Quelles sont les voies de recours ouvertes contre un jugement
statuant sur une homologation ?

Sans aucun doute l'appel peut être interjeté, car cette voie de
recours ordinaire est permise par cela seul qu'aucun texte ne
la prohibe. Notons en passant l'article 582 qui fixe à quinze
jours le délai d'appel, pour tout jugement rendu en matière de
faillite. — Mais le droit d'appel appartient-il à toute partie
intéressée ? — On distingue le cas où le tribunal a accordé
l'homologation et celui où cette homologation a été refusée.

Dans le premier cas on ne reconnaît le droit d'appel qu'à
ceux des créanciers qui se sont rendus opposants : Comme le
droit d'opposition a été renfermé dans un délai de huitaine, ce
serait éluder la loi que permettre, à ceux qui sont forclos du

droit d'opposition, de venir combattre, sous forme d'appel interjeté, un traité auquel ils sont censés avoir acquiescé par leur silence.

Dans le second cas, c'est-à-dire quand le jugement porte un refus d'homologation, sont admis à former appel tous les créanciers, sauf toutefois, ceux qui se sont vus débouter de leur opposition.

Le recours en cassation est encore ouvert pour violation des formes prescrites.

Quant à la tierce opposition, elle ne paraît pas devoir être ici admissible. Toutes les parties, en effet, ont été représentées dans l'instance. D'ailleurs le jugement d'homologation se présente avec un caractère particulier : car il s'agit bien moins ici des difficultés à résoudre entre plaideurs ayant des intérêts contraires, que d'une approbation, d'une sanction à donner au sujet d'un acte qui intéresse l'ordre public. Et puis, si l'on admet la tierce opposition, le concordat perd son caractère essentiel : ce qui distingue ce contrat des autres traités c'est de faire que tous les créanciers soient liés par les mêmes obligations ; or, à quelle issue peut-on aboutir si chacun des créanciers se portant tiers-opposant, parvient à se dégager des liens communs ?

CHAPITRE TROISIÈME.

DES EFFETS DU CONCORDAT.

Le Concordat voté et homologué est désormais exécutoire. Cependant les fonctions des syndics ne cessent pas aussitôt la prononciation du jugement d'homologation ; elles ne cesseront que lorsque ce jugement sera passé en force de chose jugée (510), c'est-à-dire après un délai de quinzaine, pendant lequel on a la faculté d'interjeter appel. Bien qu'en principe ce soit l'appel lui-même, et non le délai d'appel, qui ait un effet suspensif; l'exception consacrée par notre article 510 a été inspirée par une pensée prudente : c'est que sous l'empire du Code de

1807, il n'était pas sans danger de « remettre au failli l'univer-
» salité de ses biens, ses livres, papiers et effets », comme le
prescrivait l'ancien article 525, aussitôt après le jugement signi-
fié aux syndics provisoires; car si la Cour d'appel venait ensuite
réformer le jugement qui approuvait le concordat, on était
exposé à se trouver en face d'un patrimoine compromis par des
opérations imprudentes, ou même frauduleuses. De là, la modification introduite par la loi de 1838. — Mais, à part cette
restriction, le Concordat est obligatoire et produit dès maintenant ses effets.

Ainsi que nous avons eu plusieurs fois occasion de le voir,
le concordat est obligatoire pour tous les créanciers indistinctement ; qu'ils soient ou non portés au bilan, vérifiés ou non,
il n'importe. Ceux domiciliés hors de France, comme ceux qui
ont participé aux opérations de la faillite en vertu d'un jugement
fixant provisoirement le chiffre de leur créance, doivent également le subir. L'article 516 s'explique à ce sujet d'une façon
très-nette et met fin aux controverses qui s'étaient élevées antérieurement. On avait en effet quelque peine à admettre qu'un
créancier fût obligé de se plier à la volonté d'autrui lorsque son
absence ou le refus mal fondé des syndics à admettre ses droits,
l'avaient empéché de participer aux opérations de la faillite. —.
Cette considération avait certainement sa valeur, mais il était
assez difficile de trouver une solution qui fût à l'abri de tout
reproche. La solution donnée par le législateur paraîtra sans
doute un peu radicale, mais elle a au moins pour elle l'avantage
de la simplicité et de la promptitude, avantage dont on aime à
tenir compte surtout en matière commerciale.

Nous avons vu écartés de la délibération relative au Concordat
les créanciers privilégiés ou hypothécaires, par la raison que
le concordat ne les engageait pas. Ceux donc qui, en prévision
de l'insolvabilité de leur débiteur, se sont fait donner des
sûretés réelles peuvent épuiser leurs droits sur les biens qui
leur sont spécialement affectés. Il peut même arriver qu'une
faillite désastreuse pour tout le monde soit pour eux la source

d'un bénéfice : qu'on suppose en effet une hypothèque garantissant une créance à terme et non productive d'intérêts ; la faillite se déclarant, le débiteur perdra le bénéfice du terme et le créancier touchera immédiatement le montant intégral de ce qui lui est dû. — La loi belge corrige l'iniquité de ce résultat en soumettant à la retenue d'un escompte le recouvrement d'une créance s'opérant dans de telles conditions.

L'homologation du concordat a encore pour effet de conserver à chacun des créanciers sur les immeubles du failli le bénéfice de l'hypothèque accordée à la masse et que les syndics ont dû faire inscrire conformément au troisième paragraphe de l'article 490. Mais dans quel but ce dernier article ordonne-t-il aux syndics de requérir cette inscription ? Car elle ne donne ni le droit de préférence, puisqu'elle est prise au nom de la masse et ne peut dès lors avantager les uns au préjudice des autres : ni le droit de suite, car d'une part le failli ne peut consentir aucune aliénation, en étant incapable par suite du dessaisissement dont il est frappé ; et d'autre part les aliénations consenties par les syndics emportant garantie de leur part, ne leur permettent pas de faire subir aux tiers acquéreurs une éviction dont ils seraient responsables. Cependant la jurisprudence attribue au droit dont il s'agit le caractère d'une véritable hypothèque. Elle serait notamment opposable aux créanciers et légataires d'un défunt et qui auraient négligé de faire inscrire dans les six mois du décès le privilège résultant pour eux de la séparation des patrimoines et dont l'inscription, si elle était postérieure à celle des syndics, serait primée par celle-ci.

En vertu de l'article 517, les syndics feront inscrire au bureau des hypothèques le jugement d'homologation, si toutefois le failli n'a pas stipulé dans le concordat le désistement par la masse à son droit d'hypothèque ; car la loi leur a maintenu cette garantie pour assurer l'exécution du concordat. On comprend, en effet, que les créanciers qui étaient nantis de l'actif, qui étaient en possession des immeubles, n'ont pas entendu que ces biens pussent être affectés à de nouveaux créanciers ou transmis à des tiers acquéreurs avant l'accomplissement des conditions sous lesquelles ils ont entendu les rendre au failli.

Mais à quoi bon, se demande-t-on, cette nouvelle inscription ? ne fera-t-elle pas double emploi avec la première ? — La première inscription que l'article 490 prescrit aux syndics de requérir est un acte conservatoire ; elle a été reçue sur un simple bordereau énonçant qu'il y a faillite et relatant la date du jugement par lequel ils auront été nommés. Les droits étaient alors collectifs, indéterminés ; la seconde inscription vient compléter la première, préciser et individualiser les droits des créanciers, de façon à ce que l'inscription contienne toutes les énonciations que les tiers ont intérêt à connaître et que l'article 2148 (C. N.) prend soin d'énumérer. Mais soit que l'on considère cette hypothèque comme judiciaire ou légale, elle sera générale et grèvera tous les biens qui adviendront par la suite au failli et qui seront situés dans l'arrondissement où inscription aura été prise.

Tous les créanciers concordataires seront donc mentionnés au bordereau, lequel sera encore collectif. Les créanciers domiciliés à l'étranger devront y être portés, de même ceux dont les créances sont l'objet d'un litige ; quant à ceux qui n'auront pas pris part aux opérations de la faillite et dont les droits sont inconnus, l'inscription ne militera pas en leur faveur : les tiers qui se font délivrer un état hypothécaire antérieurement à la seconde inscription, sont avertis qu'une faillite est ouverte et que si le failli est remis à la tête de ses affaires une nouvelle inscription leur révélera sa situation ; l'état qui comprendra cette nouvelle inscription leur permettra de mesurer le crédit qu'ils peuvent donner au failli concordataire : il ne serait donc pas juste que la survenance tardive de nouvelles créances causât un préjudice aux tiers qui se sont fiés au mode de publicité organisé par la loi.

Une autre conséquence de l'homologation du concordat c'est de mettre fin au dessaisissement qui frappait le failli dans l'administration et la disposition de ses biens.

Le jugement déclaratif de faillite entraîne nécessairement et fatalement ce dessaisissement. Les biens du failli dont la propriété continue de reposer sur sa tête, sont, en réalité, devenus la chose de ses créanciers plutôt que la sienne ; en les gérant, il gère la fortune d'autrui ; et, comme le désordre de ses affaires élève contre lui une présomption de mauvaise gestion, la loi, pour l'empêcher de diminuer son actif ou d'augmenter son passif, frappe d'incapacité le commerçant failli ; elle lui enlève l'administration de ses biens, qu'elle transporte à la masse des créanciers, représentée par les syndics.

Mais maintenant que le concordat est homologué et que le jugement est passé en force de chose jugée, les fonctions des syndics cessent ; ils ont à rendre leur compte définitif au failli en présence du juge commissaire ; ce compte est débattu et arrêté ; ils remettent au failli, qui en donne décharge, l'universalité de ses biens, livres, papiers et effets. Le juge commissaire voit aussi cesser ses fonctions, et sa dernière mission consiste à dresser procès-verbal de la reddition du compte et de la remise au failli des titres et objets lui appartenant.

Remarquons cependant que si le failli renaît ainsi à la vie commerciale, il est encore frappé de certaines déchéances qui continuent à peser sur lui jusqu'à sa réhabilitation : il perd sa qualité de citoyen, il ne peut plus remplir les fonctions de juré ; il est incapable d'être témoin dans un acte notarié, il est privé du droit d'élection et d'éligibilité ; l'entrée de la Bourse lui est interdite ; il encourt de plus certaines incapacités honorifiques. — Toutes ces incapacités survivent à l'homologation du Concordat ; pour les faire disparaître, il faut que le failli obtienne sa réhabilitation.

Le concordat peut être consenti au profit du failli, dont il améliore la position, sous diverses conditions et moyennant certaines stipulations. On lui accordera non-seulement des délais pour se libérer, mais encore le plus souvent on lui concédera une remise partielle de son passif : chacun des créanciers renoncera à une égale fraction de sa créance ; la quotité qui restera due s'appelera dividende.

Grâce à cette remise, le failli se trouvera libéré jusqu'à due concurrence, et les biens par lui acquis dans la suite échapperont à l'action de ses créanciers qui n'ont plus désormais aucun moyen de le contraindre à payer ce dont ils l'ont déchargé.

Cependant si le failli concordataire se trouve dégagé de tout lien civil, une obligation naturelle survit encore. Cette obligation a même reçu de la loi une sanction plus efficace que celle qui revêt les autres obligations naturelles, puisque la réhabilitation n'est possible que si le failli a intégralement acquitté, en principal, intérêts et frais, toutes les sommes par lui dues.

Mais quel est le caractère de la remise accordée au débiteur par un Concordat? Constitue-t-elle un acte à titre gratuit ou un acte à titre onéreux? — Il faut, je crois, décider que cet abandon ne rentre pas dans la catégorie des donations. En analysant une donation on voit que deux éléments essentiels la constituent : il faut d'abord qu'il y ait aliénation, et ensuite que cette aliénation soit provoquée par une vue de libéralité, c'est-à-dire qu'il y ait chez le donateur une intention tout-à-fait libre et dégagée de tout intérêt immédiat ; tels étaient du moins les caractères exigés par le droit romain pour que l'acte dont on recherchait la nature fût appelé donation. Or, rencontrons-nous ici ce double élément ? D'abord peut-on voir une aliénation bien nettement dessinée dans une remise qui n'éteint pas radicalement la dette, mais au contraire laisse subsister un lien naturel après la dissolution de l'obligation civile ? Et en second lieu, il est impossible de voir une intention de libéralité chez un créancier débattant avec ardeur le chiffre d'un dividende et consentant finalement à signer un traité par ce motif qu'il essuierait une perte plus considérable s'il ne le signait pas. Il n'y a en cela aucune générosité; l'*animus donandi* fait défaut comme il fait défaut à celui qui abandonne des droits litigieux pour sa tranquillité, ou à celui qui vend pour 10 une chose valant 15 parce qu'il a besoin d'argent.

La remise forcée consentie par concordat diffère donc des libéralités qui se traduisent par une remise de dette ordinaire;

les prohibitions qui les frappent, les causes de révocation dont elles sont affectées et les conséquences qui en résultent seront inapplicables au concordat.

Ainsi : 1° Ce traité sera valablement consenti en faveur de personnes incapables de recevoir à titre gratuit ;

2° Le concordat ne sera pas révocable pour cause de survenance d'enfants au créancier ou pour ingratitude du failli ;

3° « Un procureur-général de toutes les affaires, un tuteur,
» un curateur, un administrateur ne peuvent accorder de re-
» mise, car toutes ces personnes n'ont pouvoir et qualité que
» pour administrer et non pas pour donner : or la remise est
» une donation. — Il faut excepter la remise qui se fait de par-
» tie de la dette à un débiteur en cas de faillite. Comme elle ne
» se fait pas tant *animo donandi* que dans l'intention de s'assurer
» par ce moyen le paiement du surplus de la dette, et de ne pas
» tout perdre, cette remise peut passer pour un acte d'adminis-
» tration dont ces personnes sont capables. » (Pothier).

4° Quand il y a remise de dette accordée au débiteur prin-
cipal, les cautions sont libérées (article 1287, C. N.) ; mais il en est différemment quand il y a concordat : les créanciers conservent alors leur action pour la totalité de leur créance contre les co-obligés du failli (art. 515, C. Comm.).

La dérogation apportée sur ce dernier point par le Code de commerce au Code Napoléon a sa raison d'être bien qu'il soit de principe qu'un débiteur qui n'est tenu qu'accessoirement et sauf recours contre le débiteur principal soit libéré par le fait même de l'extinction de l'obligation principale. Au cas prévu par le Code Napoléon, remise a été faite au débiteur principal ; si le créancier pouvait néanmoins poursuivre la caution, celle-ci exercerait son recours contre le débiteur et rendrait illusoire la remise faite à ce dernier : la donation ne serait donc pas irrévocable. Mais quand il s'agit d'un concordat, la situation n'est plus la même. Ici, la remise n'est pas faite pour réaliser une intention de libéralité ; l'accorder, c'est, comme l'on dit communément, de deux maux choisir le moindre. D'ailleurs n'est-ce pas en prévision de l'insolvabilité du débiteur que la caution a donné sa garantie ; or, la faillite se déclarant, la caution ne peut se plaindre de ce que par un concordat son recours contre le failli sera impossible, car les sacrifices faits par la masse ont été compensés par l'obtention d'un plus fort dividende, à concurrence duquel la fidéjusseur se trouve soulagé. On aurait pu faire une distinction, proposée au surplus par un article du projet de loi ainsi conçu : « le créancier qui a acquiescé à un « concordat dûment homologué conserve son recours pour la « totalité de sa créance contre les autres co-obligés : il le perd, « s'il a volontairement consenti au concordat. » C'était envisager le concordat contenant remise de dette sous son aspect apparent, et le considérer comme acte à titre gratuit. Mais ce projet fut repoussé : la remise faite par un concordat, disait-on, ne saurait jamais être réputée volontaire, — elle est toujours censée faite en vue spéciale des nécessités qu'impose l'état des affaires du débiteur. D'ailleurs, obliger un créancier sous peine de perdre son recours, à garder le silence et à se contenter d'attendre l'homologation du concordat, c'était en réalité exclure ce créancier des délibérations ; et cette exclusion conduirait dans bien des cas à rendre tout concordat impossible. — Ces considérations firent prévaloir la règle déposée en l'article 515 : « nonobstant le Concordat, les créanciers conservent leur » action pour la totalité de leur créance contre les co-obligés » du failli. »

La caution sera donc obligée de fournir au créancier la différence entre le dividende effectivement payé et le montant nominal du titre.

Mais ne sera-t-il pas permis à la caution de recourir contre le failli débiteur principal pour obtenir de lui un dividende afférent à la somme versée par elle ? — Nullement. Car le créancier a fait figurer à la faillite toute sa créance et a reçu tout le dividende qui lui était afférent ; et si la caution pouvait à son tour se présenter à la répartition, le failli paierait deux fois pour une même dette.

5° La remise de dette ordinaire étant une libéralité, sera,

comme telle, réductible à la quotité disponible; si, au jour du décès du disposant, la réserve se trouve entamée. — Pour nous, n'ayant pas vu, dans la remise forcée consentie par concordat, un acte de donation, nous refuserons aux héritiers réservataires le droit de faire réduire contre le failli le chiffre de la somme qu'il a été dispensé de payer au défunt.

Établirons-nous une sixième conséquence relativement au point de savoir si, lorsque le failli devient héritier de l'un de ses créanciers après avoir obtenu un concordat, ses co-héritiers peuvent le forcer à rapporter à la succession de ce créancier la portion de la dette dont il lui a été fait remise par ce traité ?

Sur cette question plusieurs systèmes sont en présence.

Dans une première opinion qui tend à prévaloir en jurisprudence et accréditée d'ailleurs par des auteurs recommandables, on résout la question par une distinction puisée dans le principe, que le rapport proprement dit est dû pour tous les avantages faits au successible par le défunt sous quelque forme que ce soit, et n'est dû que pour ces avantages. Il faudra dès lors rechercher, en se reportant à l'époque où le successible est devenu débiteur, quelle est la nature de son obligation et dans quelle intention le défunt a contracté avec lui. S'il s'agit de véritables prêts ou placements de fonds faits par le défunt dans son intérêt, alors il n'y a pas lieu au rapport de la portion de dettes remise par le concordat. S'agit-il, au contraire, d'avances faites par le défunt dans l'intérêt du successible pour faciliter son commerce ou rétablir sa position, alors la somme remise par concordat sera sujette à rapport, non pas en tant que dette mais comme donation.

Je ne crois pas que cette distinction soit heureuse. Il me semble que les auteurs de ce système ne vont pas directement au nœud de la difficulté. Il s'agit d'apprécier le caractère réel de la remise consentie au failli et d'en déduire les conséquences; or, du moment qu'un créancier figure dans les opérations de la faillite, on ne peut à coup sûr lui reconnaître la qualité de donateur. D'ailleurs, pour apprécier la nature d'un contrat, il ne faut pas s'arrêter à la pensée médiate, lointaine qui fait agir les parties ; au but éloigné qu'elles ont en vue. Bien qu'un mobile intéressé puisse quelquefois pousser une personne à consentir une donation, l'intention plus ou moins avouable du donateur ne suffira pas, au point de vue juridique, pour altérer la nature de la donation et lui faire perdre le caractère de contrat à titre gratuit. — De même s'il s'agit d'un contrat à titre onéreux, la circonstance que l'un des contractants aurait agi dans des vues désintéressées ne suffirait pas non plus pour le dénaturer : si, par exemple, mû par un sentiment de générosité, j'achetais d'une personne à qui je porte intérêt, un objet que je pourrais me procurer ailleurs à meilleur compte. — Selon nous, il n'y a pas à se préoccuper de la distinction que propose ce système, car dans l'un et l'autre cas ce qui nous frappe, c'est de voir un créancier renonçant à ses droits, et un successible profitant de cette renonciation.

On soutient dans une autre opinion que le rapport n'est pas dû. On ne peut, dit-on, considérer le failli comme donataire, puisque la remise qui lui a été faite émanait d'un créancier qui voulait perdre le moins possible, et tenait avant tout à sauvegarder ses intérêts : le failli concordataire ne doit donc pas rapporter en qualité de donataire. — Le doit-il en qualité de débiteur ? Nullement ; car il n'y a plus de dette étant admis que le concordataire est civilement libéré de tout ce qui excède la somme à laquelle sa dette a été réduite.

Une troisième opinion soumet dans tous les cas l'héritier concordataire au rapport ; non pas parce que le failli continue à être tenu d'une obligation naturelle, car personne ne soutiendrait que l'article 820 du Code Napoléon, en obligeant l'héritier à « rapporter les sommes dont il est débiteur », s'étend aux dettes naturelles ; mais il y a ici pour l'héritier obligation à rapport, parce que le concordat lui a procuré un avantage direct.

Qu'il y ait avantage pour un débiteur à être libéré moyennant le paiement du tiers ou du quart de sa dette, c'est incontestable. Or, le rapport est basé sur un principe fondamental en matière de succession, qui est l'égalité entre les héritiers ; et quand cette égalité est détruite par des avantages immédiats, obtenus par l'un d'eux, au préjudice des autres, la loi la rétablit en soumettant au rapport l'héritier favorisé. — Quelle raison y aurait-il d'affranchir du rapport un enfant, à qui son père aurait prêté des fonds pour faire le commerce, et qui serait dispensé de les rembourser par l'effet d'un abandon consenti par concordat, tandis qu'on exigerait le rapport si ces fonds avaient été perdus dans une entreprise ayant abouti à une simple déconfiture ? Et puis que déciderait-on, si, en l'absence de tout concordat, le père avait tenu à son fils le langage suivant : « Vous êtes insol- » vable, à peine pouvez-vous me rendre la moitié des sommes » que je vous ai prêtées : faites un effort, appelez à votre aide » vos amis, et si vous parvenez à me rembourser les trois- » quarts de mes avances, je vous ferai abandon du surplus de » ma créance. » Le fils serait-il encore dispensé du rapport ?

Mais après avoir tantôt méconnu au concordat un caractère de libéralité, n'est-ce pas maintenant se contredire que soumettre le failli concordataire au rapport en sa qualité de donataire ? — La contradiction n'est qu'apparente : oui le concordat est une convention à titre onéreux quant au créancier, mais à l'égard du failli c'est une convention à titre gratuit. Je ferai d'abord remarquer que les créanciers en adhérant au concordant stipulent les uns des autres ; ils s'engagent réciproquement à ne pas entraver, par des poursuites intempestives, les efforts que fera le failli pour reconstituer sa fortune et satisfaire, par là même, aux engagements qu'il a pris envers chacun des créanciers. Et en second lieu j'invoquerai à l'appui de ma thèse, la théorie qui prévaut en jurisprudence relativement à la constitution de dot. Ne décide-t-on pas, qu'au regard du constituant, la convention dotale est une pure libéralité, une convention à titre gratuit ? Tandis qu'à l'égard de la femme c'est un contrat purement onéreux ? Il me semble que ce caractère mixte peut

être également reconnu au Concordat ; seulement, à la différence de la constitution de dot, la convention sera à titre
onéreux pour le créancier qui fait la remise, qui aliène, et elle
sera à titre gratuit pour le failli qui reçoit [1].

Le concordat consenti à l'étranger par les créanciers d'un
failli étranger et homologué par les juges de son pays, peut-il

[1] A mon sens, cette importante question du rapport ne peut être résolue
qu'en envisageant le concordat sous son jour véritable.

Le concordat qui porte remise de dette n'est rien autre chose qu'un
traité immoral que la loi tolère, encourage même, en vue de l'utilité
générale.

Que se passe-t-il en effet dans une faillite ? On voit un débiteur dire à
ses créanciers : « Il vous est impossible de vous faire payer, mais cepen-
» dant si vous consentez à me tenir quitte, je vous donnerai tant. » Or, le
débiteur qui tient un tel langage à ses créanciers, bien résolu à ne pas les
désintéresser quand plus tard il en aura les moyens, mérite-t-il plus
d'égard qu'un coquin se présentant à moi et me disant : « vous avez perdu
» un rouleau d'or que j'ai ramassé en secret ; vous êtes, en fait, dans
» l'impossibilité de vous le faire restituer, voulez-vous ..... *transiger ?* »

La loi sanctionne pourtant le concordat : l'utilité publique commandait
de ne pas condamner à l'inactivité un commerçant encore apte à rendre à
l'industrie d'utiles services ; il fallait tenir compte aussi de nos habitudes,
de nos mœurs, des nécessités pratiques ; se pénétrer enfin de cette pensée
que les législateurs font des lois pour les hommes tels qu'ils sont et non
pas pour les hommes tels qu'ils doivent être.

Ceci posé, nous disons que le concordat doit être franchement exécuté,
sans arrière-pensée, et que jamais il n'a pu entrer dans la pensée du législateur d'entourer la formation de ce traité des garanties protectrices
exigées en droit civil et encore moins d'en gêner l'exécution en le soumettant aux causes de révocation spéciales aux donations (telles que survenance d'enfants, ingratitude, réduction à la quotité disponible).

Quant au point de savoir s'il y a matière à rapport, je crois que l'avantage obtenu par concordat sera rapportable, parce que la remise consentie
par ce traité est une véritable donation et que l'obligation au rapport ne
contrarie pas l'exécution du concordat.

Que cette remise soit une donation, il me semble qu'en présence du
bénéfice immédiat qu'en retire le failli, ce point est incontestable ; il y a
la donation, comme il y en aurait une, si, dans l'hypothèse posée plus
haut, j'abandonnais une partie du rouleau d'or que j'aurais perdu pour
que le surplus m'en fût restitué.

Je dis ensuite que le rapport n'est pas un obstacle à l'exécution du
concordat, parce que le failli concordataire reste libre de se soustraire à
cette obligation en répudiant la succession. Il ne serait plus dès lors
question de rapport, mais seulement de réduction. Or, la réduction est
impossible, parce que l'admettre ce serait porter atteinte au caractère
définitif du concordat.

être opposé en France aux créanciers Français qui refusent d'y adhérer ? — Il nous semble que ces jugements d'homologation doivent être assimilés aux décisions rendues par les juges étrangers sur les matières contentieuses : ils procèdent de la même autorité et aucun texte ne fait pour eux exception. D'ailleurs, si la négative était adoptée, on se heurterait à des difficultés sans nombre, en présence desquelles le Concordat serait impossible.

CHAPITRE IV.

DU CONCORDAT PAR ABANDON.

Le Code de commerce ne laissant aux créanciers d'autre alternative dans une faillite que le concordat ou l'union, ne satisfaisait cependant pas à toutes les exigences. Des inconvénients graves résultaient de cette insuffisance. Si le concordat est avantageux, c'est principalement pour le débiteur qui se trouve replacé à la tête de ses affaires, et bien souvent débarrassé d'une partie de son passif. Quant aux créanciers concordataires, le résultat le plus clair pour eux, c'est l'abandon d'une partie de leurs droits ; et jusqu'à la rentrée des dividendes promis, ils ne sont guère rassurés sur leur position. Souvent les créanciers n'ont qu'une foi bien médiocre dans les propositions que leur fait le failli : peut-être qu'en reprenant la direction de ses affaires il achèvera de consommer sa ruine. Préoccupés de ces craintes, les créanciers, sous le régime du Code, semblaient n'avoir d'autre ressource que de se constituer en état d'union. — Mais cette extrémité était fâcheuse pour tout le monde, surtout quand on se trouvait en présence d'un débiteur malheureux ou inhabile, mais dont la probité était demeurée intacte, n'ayant peut-être rien tant à cœur que de se relever sa fortune, payer ses créanciers, conquérir enfin sa réhabilitation. Mais après le refus d'un concordat, tout sera désormais impossible ; si chacun des créanciers reprend le plein exercice de ses actions, comment le failli réunira-t-il un capital, c'est-à-dire ses instruments de travail ?

Dans cet état de choses on avait imaginé un système mixte qui aboutissait à soumettre l'actif du failli au régime de l'union, tandis que lui-même obtenait sa libération. On donna à cette combinaison le nom de *Concordat par abandon*. Le failli abandonnait ses biens à ses créanciers, lesquels en poursuivaient la réalisation comme ils l'entendaient, mais il stipulait la remise de la portion de son passif qui excéderait le produit de la vente.

La liquidation à laquelle procédaient les délégués des créanciers se faisant sans contrôle suffisant, il n'est pas étonnant que des abus se soient signalés. Mais la loi du 17 juillet 1856 vint réglementer cette situation. Dans l'exposé des motifs on trouve les considérations suivantes s'appliquant au régime que la nouvelle loi venait modifier : « Le besoin si grave de la liquidation était remis à des hommes choisis par les créanciers. La surveillance si salutaire du juge-commissaire n'existant plus comme dans l'union, il en résultait que les mandataires, sans responsabilité, sans contrôle, commerçants eux-mêmes, préoccupés avant tout du soin de leurs affaires, manquaient de temps et d'expérience et quelquefois de scrupuleuse probité......, ils retardaient indéfiniment la reddition de leur compte, et quand ils la faisaient, c'était sans ordre et sans régularité, sans garantie suffisante pour les autres créanciers et surtout pour le failli. Enfin, si leur gestion était mauvaise, il était difficile de les remplacer. La loi ne prescrivait rien, tout était arbitraire. L'intérêt même de la société pouvait être compromis par cette absence de règles. Il arrive trop souvent que l'on découvre dans une faillite des indices de négligence ou de fraude, les commissaires pris parmi les créanciers n'en tiendront jamais compte, et il est bien rare qu'ils aient provoqué contre un débiteur des poursuites en banqueroute.... »

D'autre part la conclusion du concordat par abandon d'actif donnait lieu à une perception onéreuse de droits fiscaux : l'Administration de l'enregistrement, appuyée d'ailleurs par la Cour de cassation, exigeait un droit proportionnel de vente sur la valeur des biens abandonnés, et un autre droit proportionnel de quittance sur la portion des créances dont remise était faite au failli. — Désormais la perception se réduira au droit fixe de trois francs auquel la loi du 22 frimaire an VII assujettit les unions et directions de créanciers.

La disposition de la nouvelle loi du 17 juillet 1856, qu'on a rattachée assez mal-à-propos à l'article 541, décide que le concordat par abandon total ou partiel de l'actif du failli peut être formé suivant les règles qui président à la formation du concordat ordinaire et que nous avons eu occasion de voir. Ainsi, il doit être consenti par la majorité des créanciers en nombre et des trois-quarts en sommes. Il doit être homologué par le tribunal de commerce et il devient, après cette homologation, obligatoire pour tous les créanciers.

En ce qui concerne la liquidation de l'actif abandonné totalement ou partiellement par le failli, elle se fera comme sous le régime de l'union. Ainsi, après le vote du concordat, le juge-commissaire consulte immédiatement les créanciers, y compris ceux garantis par des privilèges ou hypothèques, tant sur les faits de la gestion que sur l'utilité du maintien ou du remplacement des syndics. Il est dressé procès-verbal des dires et observations des créanciers; sur le vu de cette pièce et sur le rapport du juge-commissaire, de nouveaux syndics sont nommés par le tribunal, ou les anciens sont continués dans leurs fonctions. Si de nouveaux syndics sont nommés, ceux-ci recevront le compte que leur rendront les anciens syndics en présence du juge-commissaire et à l'intervention du failli.

Les syndics sont les représentants de la masse des créanciers, ils gèrent et administrent les biens abandonnés.

Ils poursuivent la vente des immeubles, marchandises et effets mobiliers faisant l'objet de l'abandon; ils liquident le passif et l'actif, le tout, sous la surveillance du juge-commissaire et sans qu'il soit besoin d'appeler le failli.

Ils peuvent avec l'autorisation du juge-commissaire et le failli dûment appelé, sans néanmoins que le consentement de ce dernier soit nécessaire, transiger sur toute espèce de droits pouvant lui appartenir.

Quoique les syndics aient pour mission d'opérer la liquidation et ensuite la réalisation de l'actif abandonné, il pourra cependant arriver qu'il y ait utilité pour la masse créancière à continuer l'exploitation du commerce ; en ce cas, les syndics devront se faire autoriser par une délibération expresse prise en présence du juge-commissaire et à la majorité des trois-quarts des créanciers en nombre et en sommes. Cette délibération détermine l'étendue et la durée de leur mandat et fixe le montant des sommes qu'ils peuvent garder entre leurs mains à l'effet de pourvoir aux frais et dépenses. Contre cette délibération, le failli et les créanciers dissidents peuvent former une opposition, laquelle n'est cependant pas suspensive de l'exécution.

Lorsque les opérations des syndics auront entraîné des engagements excédant l'actif dont ils sont nantis, les créanciers qui auront autorisé ces opérations seront seuls tenus personnellement au-delà de leur part dans l'actif, mais seulement dans les limites du mandat qu'ils auront donné, et chacun d'eux sera tenu au prorata de sa créance. Tandis que si cette exploitation procure des bénéfices, tous y auront part, adhérents et opposants, proportionnellement au chiffre de leurs créances.

Les créanciers devant être éclairés sur la gestion de leurs mandataires, le juge-commissaire les convoquera au moins une fois dans la première année, et, si la liquidation se prolonge plus longtemps, une fois au moins dans chaque année. Dans ces assemblées les syndics doivent rendre compte de leur gestion, et les créanciers délibèrent sur le point de savoir s'il y a lieu de les continuer ou de les remplacer.

Bien que la nouvelle loi ne se réfère pas aux dispositions du chapitre IX relatives à la vente des immeubles, il est cependant hors de doute que le législateur a eu l'intention de les appliquer. L'exposé des motifs de la loi est conçu en ce sens, et ensuite le renvoi à l'article 534, suivant lequel les syndics sont chargés de poursuivre la vente des immeubles, rend probable cette solution.

Quant au mode de répartition, la loi est encore muette à cet égard, mais il faut sans hésiter appliquer les règles posées dans le chapitre VIII.

Puis, lorsque la liquidation de la faillite sera terminée, le juge-commissaire convoquera les créanciers en dernière assemblée pour y entendre, en présence du failli ou lui dûment appelé, le compte des syndics.

Est-il permis aux créanciers de s'affranchir des règles contenues dans ces diverses dispositions, en insérant au concordat une stipulation expresse à cet égard? — Il faut répondre négativement, alors même que le concordat rallierait l'unanimité des suffrages. Il ne s'agit pas seulement ici d'un intérêt privé auquel il est facultatif de renoncer; il s'agit encore d'un intérêt public. La loi protège le débiteur contre sa propre faiblesse, elle considère qu'un débiteur insolvable, placé devant des créanciers impatients, sera souvent réduit à accepter bon gré mal gré les conditions qu'ils lui imposeront. Mais il y a lieu de raisonner ici par analogie, ou mieux par voie de conséquence, d'un principe déposé dans l'article 2078 du Code Napoléon. Cet article décide que le créancier gagiste ne peut, à défaut de paiement, disposer du gage, sauf à lui à faire ordonner en justice que ce gage lui demeurera en paiement et jusqu'à due concurrence d'après une estimation faite par experts ou qu'il sera vendu aux enchères; puis ce même article ajoute : « Toute clause qui autoriserait le » créancier à s'approprier le gage ou à en disposer sans les for- » malités ci-dessus est nulle. » Or, que fait le commerçant qui signe un Concordat par abandon, si ce n'est consentir la réalisation des biens qui constituent le gage de ses créanciers?

Dans la loi nouvelle on peut signaler une inexactitude : le concordat par abandon, y est-il dit, produit les mêmes effets que les autres concordats. — Sans doute le failli qui a obtenu un concordat par abandon se trouve libéré de ses dettes, et désormais libre de sa personne et des biens qui par suite lui adviendront, il pourra sans inquiétude reprendre le commerce; mais, à la différence de celui qui a obtenu un concordat ordinaire, il ne sera pas replacé à la tête de ses affaires, il restera au contraire définitivement dessaisi des biens abandonnés dont la liquidation s'opérera comme nous l'avons vu plus haut.

Ce concordat est en outre annulable ou résoluble pour les mêmes causes qui annulent ou résolvent les autres concordats. A la vérité, il y aura rarement lieu à résolution d'un concordat par abandon, puisque le failli se borne à abandonner son actif et qu'il est délié de toute obligation civile pour l'avenir. Cependant on a cité les cas suivants : si, par exemple, dans l'actif de la faillite, se trouvent des immeubles que le débiteur a abandonnés, même de bonne foi, comme lui appartenant, tandis qu'ils appartenaient à un autre ; ou encore si le failli avait garanti que la vente des biens abandonnés procurerait tel dividende, lequel n'aurait pas été atteint. Dans ces hypothèses, il paraît certain que la résolution du concordat pourrait être prononcée.

CHAPITRE CINQUIÈME.

DES CAUSES QUI EMPÊCHENT L'EXÉCUTION DU CONCORDAT.

Le concordat ne produira pas son effet dans trois cas : quand il aura été annulé pour cause de dol, quand il aura été résolu pour cause d'inexécution des conditions, et en cas de nouvelle faillite.

§ I. — *De l'annulation pour cause de dol.*

Il semble que, le concordat conclu et homologué, des vices de forme ou l'inobservation des conditions requises antérieures ou concomitantes à sa formation, devraient être impuissants pour annuler un traité auquel les tribunaux ont communiqué la force de la chose jugée. C'est bien en ce sens qu'était d'ailleurs rédigé un des articles du projet de loi : « Aucune action en nul-
» lité du concordat, y était-il dit, pour quelque cause que ce
» soit, ne sera recevable après l'homologation : à dater de l'ho-
» mologation, aucune action en banqueroute simple ne pourra
» plus être intentée. » Ce projet (conforme aussi à la jurisprudence, laquelle, à défaut d'un texte positif, refusait tout recours

contre le Concordat volé et homologué), était ainsi apprécié dans le rapport qui ouvrait la discussion de la loi : « On se plai-
» gnait avec raison, sous l'empire du Code, que trop de voies
» ouvertes à des recours indirects, permettaient de tout remettre
» en question lorsque tout paraissait définitivement consommé.
» Les intérêts ont été suffisamment avertis depuis le commen-
» cement des opérations de la faillite, de veiller à leurs droits.
» Le ministère public qui recevra par le projet des informations
» plus promptes et plus précises que celles que lui donnait le
» Code, sera de son côté mis en mesure d'agir dès l'origine des
» opérations. Lorsque le concordant a réglé tous les intérêts, le
» sort de chacun doit être assuré ».

A la chambre des Pairs, cette disposition fut combattue et on proposa d'admettre l'action en nullité, pour dol découvert depuis l'homologation. L'erreur et le dol, disait-on, vicient les contrats et annulent toutes les conventions lorsqu'ils existent. S'il est une classe de traités dans laquelle la bonne foi soit nécessaire à leur validité, ce sont les actes de commerce. Le concordat est dans l'intérêt de la masse lorsqu'il est exempt de dol et lorsque les faits sur lesquels il repose sont sincères. Mais lorsqu'ils sont mensongers, si l'actif du failli est supérieur à celui qu'il a déclaré, si le passif est exagéré, la délibération de la majorité ne stipule pas l'intérêt général, elle le compromet, le dol dont elle est affectée commande son annulation dans l'intérêt même de ceux qui l'ont votée.

Après de longues discussions, l'article 518 fut enfin adopté. Cet article place le concordat en dehors des causes d'annulation qui affectent les contrats : en droit commun, une convention est annulable pour cause d'erreur, de dol ou de violence ; or, l'ar-ticle 518 n'admet l'action en nullité que pour cause de dol découvert depuis l'homologation et résultant soit de la dissimu-lation de l'actif, soit de l'exagération du passif. Ainsi un con-cordat infecté d'erreur ou de violence n'en sera pas moins inat-taquable : le dol présentant des caractères déterminés donnera seul matière à annulation ; et, remarquons-le, le dol ainsi caractérisé constitue la banqueroute frauduleuse.

Si le dol avait été découvert antérieurement à l'homologation du Concordat, la voie de l'action en nullité serait fermée aux créanciers ; c'était à eux à refuser leur signature au traité, ou à former opposition dans les délais. S'ils ont été négligents, il ne faut pas que l'incertitude pèse plus longtemps sur le sort du traité.

L'action en nullité est ouverte à tous les créanciers de la faillite, sans distinguer s'ils ont ou non adhéré au concordat, si leurs créances ont été vérifiées avant ou après le jugement d'homologation.

Le temps requis pour que cette action soit prescrite est de dix ans : on applique ici l'article 1304 du Code Napoléon, qui fixe à dix ans la durée d'une action qu'une loi particulière n'a pas limitée à un moindre temps. Conformément à cet article, le point de départ de la prescription sera le moment où le dol aura été découvert. Si le dol a été découvert à des époques différentes par divers créanciers, force est bien d'admettre que la prescription courra pour chacun d'eux avec un point de départ variable.

En outre, le concordat est encore annulé à la suite d'une condamnation pour banqueroute frauduleuse intervenue après son homologation. Le projet de loi contenait bien cette disposition, mais il considérait comme suffisante pour les créanciers trompés la faculté de recourir à la plainte en banqueroute frauduleuse ; il en résultait donc que les créanciers n'obtenaient satisfaction que si la poursuite du ministère public aboutissait. Par là se trouvait compromis le principe de l'indépendance de l'action civile et de l'action criminelle. Par l'adoption de l'article 518, comme nous l'avons vu plus haut, on n'a fait, en quelque sorte, que consacrer ce principe. Les créanciers pourront donc préférer l'exercice de l'action civile à la voie de la plainte en banqueroute frauduleuse. Et comme leur intérêt privé est distinct de l'intérêt public que le ministère public a pour mission de sauvegarder, ils peuvent intenter une action en annulation du concordat pour cause de dissimulation de l'actif ou de l'exagération du passif, si l'action publique n'aboutit pas à la condamnation du failli comme banqueroutier frauduleux.

Notons toutefois les pouvoirs donnés aux juges par l'article 521, lorsque le failli est poursuivi pour banqueroute frauduleuse après l'homologation du concordat. En ce cas le tribunal de commerce peut prendre telles mesures conservatoires qu'il appartiendra. Ces mesures seront prises dans l'intérêt des créanciers; car ces poursuites faisant planer de graves soupçons sur la loyauté du failli, il est prudent de ne pas laisser ce dernier complètement maître des biens dont la gestion lui est rendue. Peut-être le concordat sera t-il annulé; les créanciers pourraient se trouver lésés en présence de faits accomplis. Ces mesures cesseront de plein droit du jour de la déclaration qu'il n'y a lieu à suivre, de l'ordonnance d'acquittement ou de l'arrêt d'absolution.

Si le failli était poursuivi en banqueroute simple, le tribunal ne pourrait autoriser les mêmes mesures conservatoires puisque si une condamnation intervenait de ce chef, elle n'aurait point pour effet d'annuler le concordat comme le ferait un arrêt de condamnation en banqueroute frauduleuse.

§ II. — *De la résolution pour cause d'inexécution des conditions.*

Le concordat étant un contrat peut être résolu en cas d'inexécution des engagements pris par le failli. Des règles spéciales n'ayant pas été posées à cet égard, on se conformera aux principes du droit commun.

Ainsi, si le failli concordataire ne remplit pas les engagements que son traité lui impose, ses créanciers pourront en demander la résolution : ils ont en cela une faculté dont ils sont libres d'user ou de ne pas user ; ils peuvent donc, ou demander la résolution du concordat, ou le maintenir et poursuivre le failli pour le contraindre par toutes voies de droit à exécuter ses obligations.

Cette inexécution ne suffit pas à elle seule pour amener la résolution du traité : il est possible qu'une circonstance malheureuse empêche cette exécution, qui est peut-être à la veille de s'accomplir. C'est pourquoi le soin de prononcer cette résiliation a été confié au tribunal; c'est à lui qu'il appartient, après avoir vérifié les faits et apprécié les circonstances, de résoudre ou de maintenir le concordat, et même de le maintenir en accordant des délais au failli.

Mais, comme pour les contrats, il peut être convenu par une clause expresse, que la résolution aura lieu de plein droit, faute d'exécution dans un délai déterminé: il n'y a pas de raison pour exclure en notre matière ce pacte commissoire que la loi prévoit expressément en matière de vente (1656, C. N.).

On s'est demandé si un seul créancier, à l'égard duquel l'inexécution aurait lieu, pourrait provoquer la résolution du concordat.

Dans une première opinion on soutient que ce créancier ne peut demander une résolution opérant à l'égard de tous. Il lui est loisible, dit-on, de demander que les réductions qu'il a consenties soient non avenues en ce qui le concerne; ses intérêts seraient alors distincts de ceux de la masse envers qui le traité tiendrait toujours.

Mais la discussion de la loi montre bien que telle n'a pas été l'intention du législateur. Le projet primitif n'indiquait pas si, pour demander la résolution, une majorité quelconque serait nécessaire, ou bien si la volonté d'un seul intéressé suffirait. C'est à la chambre des Pairs qu'on proposa de restreindre à la majorité en nombre et en sommes le droit de poursuivre cette résolution : « *Poursuivie par un seul créancier*, disait le rapport, *la résolution serait prononcée à l'égard de tous;* doit-on livrer le sort de tous à la volonté individuelle de chacun ? » Cependant, la proposition de la chambre des Pairs ne fut pas admise; on s'en tint au contraire à l'opinion qui prévalait à la chambre des députés où l'on voulait que la résolution pût être poursuivie par chaque créancier. Seulement, on se contenta de supprimer les termes qui formulaient le système d'abord admis par la chambre des Pairs; on s'en tint là, sans songer à consacrer par une rédaction précise l'opinion qui triomphait définitivement. Du reste, le rapport après avoir fait observer que, le Concordat une fois voté, il n'existe plus de masse créancière et que chacun rentre dans l'exercice de ses droits, que ce serait rendre bien difficile la résiliation que de la subordonner à la décision préalable d'une majorité, impossible à retrouver après un long délai, et qui peut-être se trouve désintéressée, le rapport, dis-je, se terminait ainsi : « Ces considérations ont déterminé votre » commission à admettre le principe que la résolution du » concordat pourra être provoquée par un seul créancier, si » le créancier n'est pas payé des engagements pris par le » concordat. »

Nous déciderons donc que tout créancier auquel n'aura pas été payé le dividende qui lui est dû par le concordat, pourra intenter une demande en résolution, qui aura son effet, non-seulement à l'égard du créancier demandeur, mais encore à l'égard de tous les autres créanciers.

L'action en résolution se prescrit par trente ans : aucune loi particulière n'en ayant limité à un moindre temps la durée, on applique l'article 2,262 du C. N.

§ III. — *De l'annulation résultant d'une déclaration de faillite subséquente.*

Le concordat peut encore ne pas sortir son effet dans un troisième cas : c'est lorsqu'une nouvelle faillite intervient avant sa complète exécution. Si la faillite est déclarée à la requête d'un créancier postérieur au concordat, il adviendra que le traité aura été résolu par le fait d'un tiers.

Conséquences résultant de l'annulation du Concordat.

Les articles 522 et suivants indiquent les mesures à prendre quand le concordat est annulé sans survenance de nouvelle faillite : snr le vu de l'arrêt de condamnation pour banqueroute frauduleuse, ou par le jugement qui prononcera soit l'annulation, soit la résolution du concordat ; le Tribunal de commerce nomme un juge commissaire et un ou plusieurs syndics ; on procède comme on a procédé dans les premiers moments de la faillite déclarée.

Comme des changements ont pu se produire depuis les mesures prises dès le commencement de la faillite, il faudra donc refaire, ou plutôt compléter le premier inventaire. Les syndics pourront requérir une apposition de scellés ; ils procèderont sans retard, avec l'assistance du juge-de-paix, sur l'ancien inventaire au récolement des titres et valeurs, et, s'il y a lieu, il sera procédé à un inventaire et un bilan supplémentaires. Ensuite les syndics feront immédiatement afficher et insérer dans les journaux à ce destinés, avec un extrait du jugement qui les nomme, invitation aux créanciers nouveaux, s'il en existe, de produire dans le délai de vingt jours, leurs titres de créances à la vérification. Ce délai expiré, commence la procédure de la vérification des créances, mais celles qui avaient été admises et affirmées avant le concordat qui vient d'être résolu ne sont plus vérifiées ; seulement, il y a lieu de rejeter ou de réduire les créances qui depuis auraient été payées en tout ou en partie.

Ces opérations mises à fin, les créanciers seront convoqués pour délibérer sur le point de savoir si un nouveau concordat sera formé. Si le premier concordat est résolu par suite de condamnation en banqueroute frauduleuse, on ne peut plus songer à un nouveau concordat ; mais dans les autres cas il semble résulter de la formule générale de la loi, qu'un nouvel arrangement sera possible, soit que le premier ait été résolu pour inexécution des conditions, soit qu'il ait été annulé pour dol. A la vérité, ce ne serait pas, dans ce second cas, se montrer bien rigoureux que de refuser au failli le bénéfice du concordat, mais c'était au législateur lui même à user de sévérité, et il n'est pas permis de se montrer plus rigoureux que la loi, en écartant toute possibilité d'un nouveau concordat quand le premier a été annulé pour cause de dol. D'ailleurs ne suffit-il pas do la garantic que présente l'homologation du tribunal appelé à donner son approbation ?

S'il n'intervient pas de nouveau concordat, les créanciers sont alors en état d'union.

En cas de seconde faillite, les formalités préliminaires à remplir seront les mêmes que celles que prescrit le Code, à l'ouververture de toute faillite.

Quand le concordat est annulé pour cause de dol, les cautions sont libérées : comme elles n'étaient intervenues qu'à raison du concordat, on comprend que l'anéantissement du contrat principal entraîne l'annulation des engagements accessoires. Mais .quand la résolution est prononcée pour inexécution des conditions, la loi maintient intactes les obligations des cautions. Pourtant, ici encore nous voyons l'anéantissement du contrat principal, et il semblerait rationnel de décider l'extinction du cautionnement par voie de conséquence : n'est-il pas étonnant de voir les créanciers demander et obtenir la résolution du traité, puis le maintenir en ce qu'il leur est avantageux, et le répudier au contraire en ce qu'il leur est défavorable ? — Quand fut discutée la loi de 1838, la Chambre des Députés était d'avis de maintenir les obligations des cautions, pour quelque cause que le concordat fût annulé. A la Chambre des Pairs, au contraire, on voulait l'extinction du cautionnement dans tous les cas. En présence de ce conflit, le Gouvernement fit enfin prévaloir la disposition actuelle : c'était une sorte de transaction entre les deux premières opinions.

Pour justifier la distinction admise dans la loi, on a dit qu'elle déjouait les fraudes que les cautions pouvaient être tentées de pratiquer. Si la résolution du concordat pour inexécution des charges résolvait aussi le cautionnement, le fidéjusseur pourrait parvenir, en colludant avec le failli, à faire annuler un concordat qu'il se repent aujourd'hui d'avoir garanti ; or, la disposition de la loi rend cette fraude impossible.

Quoi qu'il en soit de cette explication, on regrette que la loi ait ainsi préféré venir en aide aux créanciers, et cela, au détriment des cautions. Si le concordat est annulé, il faudra renoncer à voir le failli revenir à meilleure fortune, et la caution qui avait donné sa signature en prévision du rétablissement du failli concordataire, devra considérer ses avances comme perdues ; elle supportera la peine de son intervention désintéressée [1].

Cependant, l'intérêt qui existe pour la caution à voir le concordat maintenu, n'avait pas échappé au législateur ; l'article 520 exige, en effet, que les cautions soient appelées quand la résolution du traité est poursuivie. Elles pourront ainsi surveiller l'instance, et si elles le jugent à propos, arrêter le procès en payant au demandeur les dividendes réclamés.

Si le concordat était résolu en conséquence d'une nouvelle faillite, le cautionnement subsisterait-il encore ? — La loi est muette à cet égard ; mais il ne faudrait pas interpréter ce silence dans un sens plus favorable à la caution. Que lui importe, en effet, que la résolution du traité résulte d'un jugement statuant principalement sur une demande à cette fin, ou que cette résolution soit la conséquence d'un jugement déclaratif de faillite ?

[1] La loi encourt-elle à bon droit le reproche d'anomalie lorsqu'elle maintient le cautionnement après l'annulation du concordat ? — Il est plus vrai, je crois, de considérer cette disposition comme une sanction plus énergique que le législateur a voulu attacher au concordat. On peut trouver une semblable sanction dans le Code de procédure civile, en cas de folle enchère. Quand l'adjudicataire d'un bien vendu par autorité de justice n'accomplit pas les conditions que lui impose son cahier des charges, on procède à une nouvelle adjudication. Mais bien que son droit réel de propriété soit résolu rétroactivement, ses obligations ne sont pas pour cela anéanties. « Le fol enchérisseur, dit l'article 710, est tenu par corps de la différence entre son prix et celui de la revente sur folle enchère, sans pouvoir réclamer l'excédant, s'il y en a. » Ainsi, dans une vente consensuelle, le vendeur non payé a le choix entre l'action résolutoire et l'action personnelle en paiement du prix ; tandis que dans les ventes par autorité de justice, l'adjudicataire qui ne s'exécute pas, se trouve à la fois tenu de ces deux actions, et comme dans le concordat, bien que le marché soit résolu, les intéressés peuvent néanmoins maintenir les engagements de l'adjudicataire s'ils y ont avantage ; ce qui arrivera si le prix de la seconde adjudication se trouve inférieur à celui qu'avait offert le fol enchérisseur, auquel cas ce dernier sera tenu de la différence. — Or cette disposition du Code de procédure n'a jamais soulevé de critiques ; et cependant elle n'est pas sans analogie avec la disposition du Code de commerce qui, tout en résolvant le concordat, ne résout pas les obligations accessoires des fidéjusseurs.

La loi a réglé le sort des actes que le failli a passés avec des tiers pendant son rétablissement momentané à la tête de ses affaires : ces actes ne seront annulés qu'en cas de fraude aux droits des créanciers, d'après les principes du droit commun ; il n'est donc pas permis d'appliquer les nullités prévues par les articles 446 et suivants du Code de commerce. Cette tolérance de la loi se justifie aisément : car, si les actes passés par le failli à la suite de son concordat devaient être atteints par une présomption de fraude en cas d'une nouvelle suspension de paiements, on conçoit que bien peu de personnes seraient disposées à traiter avec lui ; la loi veut en quelque sorte lui faciliter les moyens de trouver le crédit dont il a tant besoin.

Si le concordat était résolu par suite de déclaration d'une seconde faillite, les actes faits antérieurement à cette déclaration seraient régis par les présomptions et distinctions établies dans les articles 446 et suivants ; car ici, dit-on, il y a véritablement une ouverture de faillite.

Quand le concordat est annulé, il semble que chacun des créanciers devrait être recevable à faire valoir l'intégralité de ses droits, et que, la résolution se produisant rétroactivement, le traité devrait être non avenu à l'égard de tout le monde : conséquemment les anciens créanciers auraient, comme les nouveaux, le droit de participer proportionnellement au chiffre de leurs créances au partage de l'actif. Cependant, la loi en a disposé autrement ; voici quelle règle elle a posée : dans les rapports du failli et de ses anciens créanciers, le concordat est complètement anéanti, mais dans les rapports des anciens créanciers avec les nouveaux, les droits seront réglés comme suit :

Si les créanciers concordataires n'ont rien touché des dividendes promis, ils figureront dans la masse pour le montant intégral de leurs créances ;

S'il en est qui ont reçu tous leurs dividendes, ceux-là ne seront plus compris dans les répartitions ;

Et ceux qui ont reçu une partie du dividende produiront à la masse pour la portion de leurs créances primitives correspondante à la portion du dividende promis qu'ils n'auront pas touchée.

Je suis, par exemple, créancier de 10,000 fr. à une faillite dont le concordat promet 25 pour 100 de dividende. Le concordat vient à être résolu : si je n'ai rien reçu du dividende, je produirai à la nouvelle répartition pour 10,000 fr.; si j'ai reçu 500 fr., c'est-à-dire le cinquième du dividende, vis-à-vis des nouveaux créanciers ma créance serait éteinte jusqu'à concurrence d'un cinquième, et je me porterais créancier de 8,000 fr.; enfin si j'avais reçu les 2,500 fr. formant l'importance de mon dividende, je n'aurais plus rien à réclamer; — sauf dans tous ces cas, je le répète, mon recours contre le failli qui continuerait à être tenu de la différence entre les sommes que j'aurais touchées et le chiffre effectif de ma créance.

Cette manière complexe d'envisager le Concordat a sa raison d'être : car ceux qui après le traité sont entrés en rapports d'affaires avec le failli méritent quelque considération ; s'ils ont consenti à lui accorder quelque crédit, c'est qu'ils croyaient à la sincérité d'un traité dont l'exécution s'accomplissait, et ce serait leur faire éprouver un grave préjudice que de leur opposer un passif sur lequel ils ne comptaient pas.

Mais, le concordat résolu, que faut-il décider quant au droit d'hypothèque conféré aux créanciers par les articles 490 et 517 ? L'article 490 procure à la masse des créanciers des droits hypothécaires qui restent indéterminés jusqu'à ce que l'inscription prescrite par l'article 517 vienne les limiter au montant des dividendes fixés par le concordat. Si le concordat est anéanti, l'inscription qui en garantissait l'exécution disparaîtra-t-elle également ? Et si elle disparaît, réservera-t-on aux créanciers les droits qui résultaient pour eux de la première inscription, droits hypothécaires ne devant pas être considérés comme restreints par les limitations apportées en l'inscription prise en vertu de l'article 517 ? — Il me semble que le droit d'hypothèque requis en vertu de l'article 517 continue à militer en faveur des créanciers concordataires, mais restreint au montant des dividendes. Je dis d'abord que cette inscription n'est pas annulée, car l'annulation du Concordat opère uniquement contre le failli ; il est donc naturel que les créanciers soient encore couverts par les sûretés réelles que la loi leur assure, comme ils sont encore couverts par les sûretés personnelles qu'ils ont pris soin de stipuler. Je dis ensuite que leur droit hypothécaire se restreint au montant des dividendes que le traité promettait. Car l'inscription prise en vertu de l'article 517 a pour but de préciser, de limiter les droits hypothécaires qui antérieurement étaient collectifs et indéterminés ; la première inscription n'était que provisoire, la seconde est définitive, et toutes deux ont pour objet le même droit ; il y a ici quelque chose de semblable à la double inscription que prennent les entrepreneurs pour conserver leur privilège sur la plus-value qu'ils ont créée. La loi a pour ainsi dire permis que les énonciations que doivent contenir les bordereaux soient publiées à différentes époques, et cela, dans un but de célérité et de commodité. Il est donc impossible de voir ici deux inscriptions différentes sur lesquelles les créanciers auraient la faculté d'exercer leur choix. D'ailleurs, quand on voit la loi se préoccuper du crédit public dans les articles 525 et 526 où sont favorisés les tiers qui ont cru à la sincérité du concordat, il serait bien étrange d'user de rigueur envers ceux qui se sont fiés à la publicité organisée par la loi en matière hypothécaire.

POSITIONS.

DROIT CIVIL.

I. Les créances qui, par suite de cessions consenties après une déclaration de faillite, viennent se réunir sur une même tête, ne comptent pas au cessionnaire pour le calcul de la majorité des créanciers en nombre, lors de la formation du concordat.

II. La majorité doit se calculer sur le nombre de tous les créanciers, tant absents que présents.

III. Le créancier antichrésiste n'a pas voix à la délibération du concordat.

IV. Après un refus d'homologation, un nouveau concordat est encore possible.

V. Le failli concordataire est soumis au rapport successoral.

VI. L'hypothèque résultant des articles 490 et 517 du Code de commerce, survit à la résolution du concordat.

DROIT INTERNATIONAL PRIVÉ.

I. Le concordat consenti à un étranger est opposable aux créanciers français.

II. La femme étrangère n'a pas d'hypothèque sur les immeubles situés en France, appartenant à son mari.

DROIT CRIMINEL.

I. Un tribunal criminel ne peut appliquer les peines de la banqueroute à un individu qui n'a pas été au préalable déclaré en état de faillite, par un tribunal de commerce.

II. Les articles 30 et 31 du C. N. ne sont pas abrogés par la loi du 31 mai 1854, portant abolition de la mort civile.

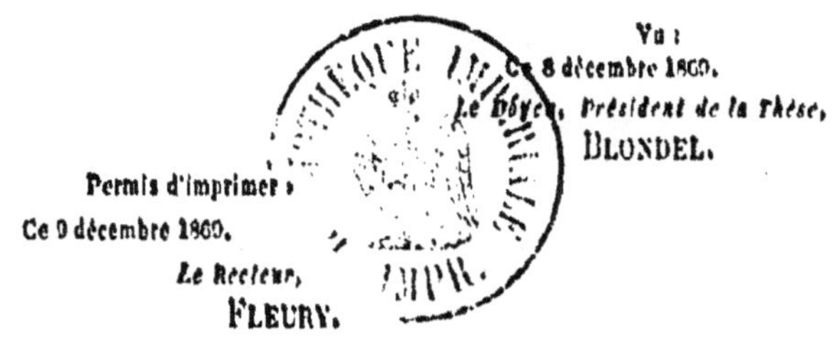

Vu :
Ce 8 décembre 1860.
Le Doyen, Président de la Thèse,
BLONDEL.

Permis d'imprimer :
Ce 9 décembre 1860.
Le Recteur,
FLEURY.

Lille, Imp. Six-Horemans.

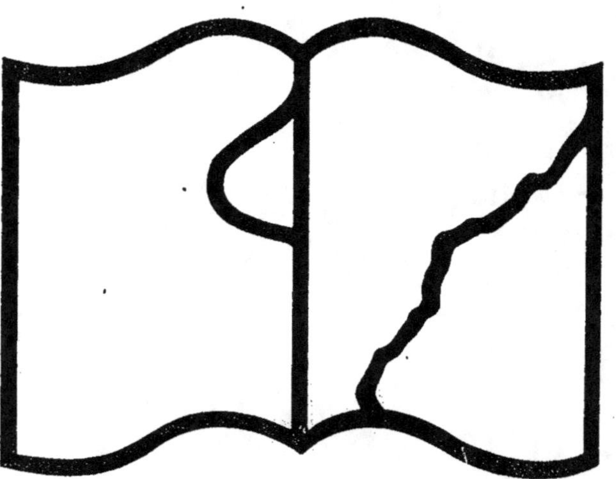

Texte détérioré — reliure défectueuse

NF Z 43-120-11

www.ingramcontent.com/pod-product-compliance
Lightning Source LLC
LaVergne TN
LVHW020210030726
842520LV00003B/987